ジャッキー・デリダの墓

鵜飼 哲

みすず書房

LE TOMBEAU DE JACKIE DERRIDA

by

Satoshi Ukai

First published by Misuzu Shobo Ltd., Tokyo, 2014

ジャッキー・デリダの墓　目次

＊

Jackie Derrida

(1930-2004)

〈友〉なるデリダ

誰かについて、その誰かのいない場で、その誰かに理解できない言葉で語ること、それはすでに、その誰かを裏切ることではないか？　その誰かと私の間で分かちあわれた秘密を、第三者に漏らすことではないか？　しかし、その誰かの前で、その誰かに向けて、二人きりで、その誰かに理解できる言葉で語ったとしても、その言葉が第三者に理解可能であるなら、やはり裏切りは、秘密の漏洩は、すでに始まっているのではないか？　これは友愛のアポリアとも呼ばれるべき、典型的なデリダ的問いである。彼自身の死という出来事のさなか、彼の友は誰も、このアポリアの前にいる。

『友愛のポリティックス』（一九九四）でデリダは、「おお友たちよ、友がいない」という奇妙な言葉を倦むことなく論じた。アリストテレスに帰せられるギリシャ語のこの文は、「多くの友を持つ者には一人も友はいない」と読むほうが正しい蓋然性が高い。しかし、モンテーニュからブランショまで、この言葉を引用した思想家たちは誰も、そこに実に逆説的な呼びかけを読み取ってきた。その事実からデリダは、その名にふさわしい友愛論は、一見客観的で誰にも理解可能なようでも、実はある特定の友に向けて、第三者の与り知らない秘密から書かれるのではないかと考える。そして、しばしば、友の死ののちに書かれるのではないかと。

「お母さんの具合はどうですか?」私の母が記憶障害を患っていることを知って以来、会うたび、また電話で話すたび、デリダはかならずそう訊ねてくれた。彼自身の母も晩年記憶喪失に陥り、ついには息子の名前まで忘却してしまったのだった。デリダはその経験を彼のもっとも美しいテクストのひとつ「割礼告白」(一九九一)で語った。そして、私がその読者であることを知っていた。

二〇〇四年八月八日、パリ南郊リス＝オランジスの自宅に彼を訪ねたときも、やはりデリダは母の容態を訊ねた。その日のことは、そのこと以外、まだ語れない。どう語るべきか分からない。デリダの友であったと過去形で語ることを彼の思想は許さない。彼の友であることは、いつまでも来たるべき経験であるだろう。彼の死は終わらざる出来事であるだろう。そのようにして彼は生き続け、考えることを教え続けるだろう。

断片、あるいはデリダの「ように」

すべてはこのときのために書かれてきたのか。十月九日、彼の死の知らせに接して以後、私は繰り返しそう思った。ジャック・デリダの著作を経由することなく、ジャック・デリダの死に向き合うことがどうしてできるだろう。だが、何を読むべきか。いま、このときに、何を読み返すべきか。彼の膨大な著作のうちの何を読み返すことが、もっともこのときにふさわしいのか。

記憶に残る彼の姿、浮かんでくるひとつひとつのイマージュを見つめ、二十年以上の間、折に触れて聞くチャンスに恵まれた彼の言葉に、その声に耳を澄まし、悲しみのなかを、あるテクストから別のテクストへ、あてどなくさまようことを止めることができない。いつ果てるとも知りがたいこの彷徨のなかから、いくつかの断片を切り出すことにしたい。

私は探していた、彼として〔*comme lui*〕、彼のように〔comme lui〕。そして私が彼の死から出発して書いているという状況では、ある種の擬態（おのれのうちに彼を取り込むこと、おのれのうちで彼に言葉を委ねるべく彼に同一化すること、彼を現前させ、忠実に彼を代表象すること）は、同時に義務でもあり、誘惑のなかでも最悪のもの、もっとも慎みを欠いた、もっとも有害なものでもある。贈与にして贈与の取り消し、どちらか選ぼうとしてみて欲しい。[1]（「ロラン・バルトの複数の死（者）」、一九八一）

デリダがここで、バルトとして、バルトのように探していたのは、「細部への関係における読みの新鮮さ」だった。la fraîcheur という言葉の、この日本語訳がつらい。ほかに訳しようがないだろうか。この文章は、今日、『毎回唯一無比、世界の終わり』（二〇〇三）に収められている二十六の文章のうちの最初のものだ。そこには、公表された最初の追悼文の fraîcheur が、まさにその細部に感じられる。友であった人の死に際して、オマージュの文章はけっして書くまいと心に決めていたデリダが、初めてその禁を破った「新鮮さ」が。それだけが、そのときの、バルトの死の「新鮮さ」に応答しうるかのように。

（……）母が何かに気づいたという思い出はなく、死に対する私の恐れが彼女のそれを、つまり彼女にとっての私の死に対する恐れを反射しているだけだということも彼女はけっして知らなかったが、私は私が病気をするたびに母の不安を感じ取ったし、そしてたぶん、より地下に隠れた形では、「モシモ私ガソノヨウナ状態デ死ニ、ソレガ母ノ情愛ニミチタハラワタヲ刺シ貫イタトシタラ、ドウシテイヤサレルコトガデキタカ、私ニハ分カラナイ」、そして、このように母が死に対する私の恐れをもたらしたのだから、彼女の死ののちにはもはや死を恐れなくなって私は死ぬのではないかと恐れるのだ、一九六二年にM・Pに、一九八〇年にBに、おそらく起きたように（……）[2]（「割礼告白」、一九九一）

M・Pはメルロ＝ポンティ、Bはバルトだろう。「割礼告白」は追悼文ではなく、寝たきりになり記憶を喪失した母の生き延びに連れ添いつつ、毎週、一年五十二週＋七週の間、週に一文書き溜められた五十九の総合文からなるテクストだ。聖アウグスティヌスの『告白』からの引用と、未完の手記の断片の周りで、アルジェリアの幼年時代、少年時代の諸々の出来事が明かされる。〈五十九〉はこの作品執筆当時のデリダの年齢でもあった。「私の母は最近急に物忘れがひどくなった。何時の飛行機で帰るよと何度言っても、またすぐ、お前、いつ帰るんだいと訊ねてくる。」「最近のことは忘れても昔のことは覚えてらっしゃるんじゃないですか。」「そういう風に言われるが、母の場合は昔のことも忘れていっている……。」一九八八年、彼が運転する車のなかで、こんな言葉が交わされた。「割礼告白」の機縁となる出来事のはじまりに、私は立ち会っていたことになる。「割礼告白」が書かれた時期には、母はすでに息子の名も忘れてしまっていた。「割礼告白」は、母がいまだ生きている間に、しかしその母にとって自分が何者であるかもはや分からない息子の位置から、母の死の切迫に追い立てられるように書かれている。二〇〇一年、研究休暇をパリで過ごしていた私は、年末に一時帰国しなくてはならなかった。私の母のアルツハイマー病が悪化したためだった。深刻な記憶障害が起こっていた。そのことをデリダに告げると彼は言った。「ご存知だと思うが、私の母も……。」そのとき以来、再会するたびに、あるいは電話で話をかわすたびに、彼はいつも母の容態を気遣ってくれた。車中の会話のことを、彼は覚えていたのだろうか。それはありそうに思えない。彼が覚えていたのはむしろ、私が彼に読んでもらったはじめての文章、「母の問題への導入――ジャン・ジュネの最初の二作の小説について」と題したつたない修士論文のタイトルだったのではないだろうか。

われわれが「かのように」と言うとき、われわれはそれでは何をするのか？

私がまだ、「それはあたかも世界の起源に労働の終焉があるかのようである」とは言っていないことに注意していただきたい。私は存在するような何ごとも言ってはいない、そして私はそれを主節で言ってはいない。ある奇妙な従属節を宙づりのままにしたのだ、その中断に委ねたのだ（「あたかも世界の起源に労働の終焉があるかのように」）、あたかも私が、「かのように」のひとつの例を、たったひとりで、文脈外で、あなたがたの注意を引くよう、労働するにまかせることを欲したかのように。(3)（『条件なき大学』、二〇〇一）

「かのように」（comme si）を、デリダは存在論の秩序から引き去ろうとする。この挙措の、他にも数多いモチーフのなかで、ここではそれが、どんな哀悼の営みにも欠かせない様態であることを強調しなければならない。「ロラン・バルトの複数の死（者）」でも、すでにこの表現は強調されていた。彼の最後の大学論になってしまったこのテクストで、デリダは、単なる仮定、夢想、ユートピアの「かのように」でもなく、カント的統整的理念の「かのように」でもない「第三の可能性」として、「人文学と呼ばれる学術領域に属するあらゆる対象の構造および存在様態」をこの言葉から思考しようとする。「フィクション」「模像」「芸術」「作品」などの概念がそこから再考されるべきこの「かのように」は、もはや単に哲学的ではないと彼は言う。その使用がけっして「それとして」（comme tel）規定されえないこの「かのように」は、条件節という文法的規定を受けながら、「不可能な無条件的なものの可能的出来事」を予告する。九〇年代の主要な政治的著作につながるこのモチーフは、真理、症候、イデオロギー、信仰と知など、未決の概念群の再検討を求めるだろう。同時に、デリダのテクストのあらゆる「かのように」を、「のように／として」(comme)を、「もしも」(si)を、ここから読み直さなければならない。これらの語は、テクストの表面に、つねに現れているとは限らない。だが、幻覚のように読まれること、幻聴のように聞こえることがある。私の母の容態を彼が訊ねてくれるたび、私はいつも、彼が言わない彼の言葉を聞いていた。「あなたも、おそらく、私のように……。」

私の父の旅と呼ばれていたものがあった。旅〔voyage〕という名詞は、私にとって、家で、あの主題について、私の父がその、要するに、唯一の、第一の主体である強制された派遣という主題について形成される文以前には、まったく何も意味したことはなかった。(……)私の父はしばしば「その日は旅だ」と言った。出張代理販売員〔voyageur de commerce〕とも言われていたが、彼は週に四日は「旅＝出張」だった。(……)「旅＝出張」には同義語がひとつあった。巡回〔tournée〕である。巡回の日、彼は朝五時に車で出て行き、夜遅く帰ってきた。というのも、彼も〔他の家族同様〕家の外で眠ることはなかったからだ。疲れ果て、打ちひしがれ、注文と金が一杯に詰まった重い鞄を手に彼は帰ってきた。何キロもの硬貨と紙幣、それは「ワインと蒸留酒」の製造ないし販売店、カトリックで温情主義的なタシェ家のための「受領金」であり、父はその「代理人」だった。（……）十八歳になり車の運転を始めると、私はときどきカビリアあるいはヴィヤラール、アルジェリア南部への父の「巡回」に付き添った。（……）東京からモスクワ、ストックホルムからカルカッタ、ラマラからサンチアゴ、レイキャヴィークあるいはコトヌー等、それ以来、私が世界中で何度もすることになるもっとも長い移動には、どんな勝利者気分も断じてないだろう。それらは生気のない模像、事後的なもの、あるいは余儀ない結果にすぎないものであり、眼もくらむばかりのアルジェリアの、とりわけカビリアでの最初の発見と、私はけっして、どんな点でも比べることなどしないだろう。どんな〈土地の〉名も、私にとって、あのベルベル語の名たちと同じ系列中に書き込まれることはないだろう。私はそれらを発音するのが好きだ、もう一度、それらが歌われるのを聞くことのほか、どんな欲望も、あるいは、今日ではこう言わなくてはなるまい、どんな希望も、抱くことなく。あたかも私が、それらの名を救うため、祈願によってそれらをなお悲劇から引き去る力を保持しているかのように。（……）私はあのつづら折りの道を運転するのがとても好きだった、しかし、私はとりわけ父を助けたかった、父との「政治的連帯」を、この「地に呪われた者」への心遣いを示したかった。（……）私の最初の政治的経験は、二つの悲惨な存在の不当な苦悩を結び合わせた、「アラブ人」と「旅人＝出張員」、私の父を。(4)

（「側道」、一九九九）

彼のもっとも深い友人たち、ブランショもジュネも、デリダの講演旅行を理解しなかった。旅を（おそらく）しなかったブランショも、監獄か旅か、どちらかの生活しか知らなかったジュネも。彼自身は、この生活の形のうちに、父への同一化を見ていた。この自己分析が「正しい」かどうか、それは誰にも分からない。確かなことは、これらの旅を、その大半が友の招きに応じて出かけた旅を、彼はせずにいられなかったこと、これらの旅が、著作活動以上に、彼の生命を消耗しただろうということだ。デリダに一度だけ、一日だけ、本を貸したことがある。二〇〇〇年八月、スリジィ＝ラ＝サルのジュネをめぐるコロックのときのことだ。講演の前日、ジュネの『断片……』を持っていないかと彼は訊ねた。『断片……』は一九五〇年代はじめ、小説期と戯曲期の間にあって、ジュネが深刻な精神的危機を横断していた時期のノートである。私は偶然この本を持ってきていた。翌日、講演ののち、丁寧にお礼を言って彼は本を返した。デリダが関心を持っていたのは、この時期のジュネの「自殺の思考」だったようだ。ある一節に、私の筆跡ではない、青いペンの印がついていた。翌二〇〇一年、パリ滞在の間、港道隆・澄江夫妻とともに、私はよく彼に会った。この年デリダは長い中国旅行をし、〈9・11〉の報を上海で受けた。私たちは十二月からは毎週水曜のゼミに出席し、もう一度、八〇年代に戻ったかのような幸福な時間を持つことができた。二〇〇二年七月、スリジィ゠ラ゠サルの「来たるべき民主主義」のコロックでは、彼はいつものようにすべてのプログラムに出席し、ひとつひとつの発表に耳を傾け意見を述べた。健康上の問題が迫っているようには見えなかった。ジュネとの交友の詳細を、それほど彼から聞いたわけではない。しかし、私に会うとき、彼はいつもジュネのことを考えていたと思う。パレスチナ自治政府EU代表のライラ・シャヒードは、はじめてデリダと会ったときこう言った。「ジャンにあなたの本を理解するのに読むべき本は何と訊ねると彼は即座に言いました。ジャック・デリダの『弔鐘』、私の本に何かを付け加えた唯一の本だ、と。」九〇年代初め、サミュエル・ウェーバーと三人で会っていたとき、デリダはこの話を、ある感動をこめて私たちにした。「もちろんジュネに本は贈ったけれど、読んだかどうかも知らなかった。訊ねることなどとてもできなかったから……。」『弔鐘』(一九七四)は、一九七〇年の父の死ののち、デリダが構想し、書き上げ、出版した彼の唯一の「書物」である。「ロラン・バルトの複数の死(者)」が雑誌『ポエティック』に掲載されたとき、この異例の追悼文に、誰もがとまどいを覚えた。しかしそれは、両親の死を、それぞれひとつの前例のないテクストを生み出すことでしか迎えることのできなかった人の哀悼の挙措だったのだ。二〇〇四年八月八日、リス゠オランジスの自宅に彼を訊ねたときのことは、まだ何も書くことができない。そののち、二度の、電話での会話のことも。アルジェリアの、ベルベル語の地名を文字に書き写すことを彼が恐れたように、私もおそらく、私のなかの彼の言葉、その声を、決定的に失うのではないかと恐れているらしい。

絵画に〈声〉が来るとき——アトラン「カヒナ」(一九五八年)

ジャン＝ミシェル・アトランは一九一三年、アルジェリアのコンスタンティーヌで、ユダヤ人の裕福な織物商の家に生まれた。一九三〇年からソルボンヌで哲学を専攻、同時に反植民地主義闘争に加わり、三三年にはインドシナの独立を要求するデモで逮捕されて三ヵ月間投獄されている。翌三四年にはフランスに亡命したトロツキーのボディガードを務めるなど、彼の政治へのかかわりは、深く、具体的、確信的だった。

一九四〇年、地方都市でリセの哲学教師の職を得るが、二年後、ヴィシー政府の反ユダヤ法のため教職から追放される。パリに戻ったアトランはレジスタンスに加わり、まもなくゲシュタポに逮捕される。彼の妻も投獄され、兄はナチに殺害された。この危機をアトランは狂気を装ってまぬかれ、サン・タンヌ病院の精神科病棟に収容される。パリ解放ののちの一九四四年秋、病院を出てまもなく詩集『深き血』を出版し、同時に最初の個展を開く。戦後はムーヴマン・コブラに接近、極貧のなかで憑かれたような精力的な作家活動を展開し、それとともに彼のアトリエはヨーロッパ各国の美術家たちの交流の場となった。

アトランが同時に詩を書き、絵を描き始めたのは一九四一年のことである。画家としての活動は、したがって、一九六〇年の死まで、わずか十九年に過ぎない。そしてこの間、第二次世界戦争（一九三九—四五）、そしてアルジェリア戦争（一九五四—六二）という二つの歴史の暴風を全身で受け止めながら、アトランは独学で固有の表現の道を切り開いていった。

舞踏のリズムにすみずみまで貫かれたアトランの作品世界を、アルジェリアのアラブ人作家ラシッド・ブージェドラは故郷アルジェリア、とりわけコンスタンティーヌの自然、歴史、文化に深く根ざしたものであるという（『オリエントを描く』[1]）。それは同時にベルベル的、アラブ的、アフリカ的な伝統であり、抽象的な形態の奥に樹木や動物など自然的エレメントの生動が感じられる。しかしそれはデフォルメされた自然ではなく、むしろ諸々のエレメントの融合であり、それを引き起こす激しい力はまったく別の生けるもの、「教義上の神よりも計り知れないほど絶対的で純粋な神」を目指す。

画家と同じくアルジェリアのユダヤ人の家に生まれた哲学者ジャック・デリダは、アトランのこの「定義しがたい神秘主義」における一神教（ユダヤ教、キリスト教、イスラーム）的要素と異教的要素の関係を注視する（「色彩から文字へ＝文字通りの色彩について」[2]）。「モーセ五書」と題された作品に、シナイ山で神がみずから口を開き、噴火と地震とともに戒律を命じたことに震撼し、神が二度と語らないことをモーセに求めるヘブライの民の恐れへの暗示を読み取るデリダは、「列王記Ⅱ」というもう一つの作品には、人間たちが偶像を携えて立ち去ったのち、預言者エリヤに「静かにささやく」神の声を聴き取ろうとする。その声を「聞くためには信じなくてはならない、けっして安心できない信の耳をそばだてなければならない。（……）絵画のなかにこの声が来るのを見るためには、それゆえすべてを疑わなければならない。」具象でもなく抽象でもないアトランの絵画を、こうしてデリダはある種の否定神学に接近させる。すべての言葉が黙したのち、彼の作品が、ある名、表題でおのれを呼ぶのではなく、個々に、また全体として、とりわけ名指しえないその色彩によって、あるいまだなき名を呼び求める声を聞くために。

「カヒナ」はアルジェリア戦争のただなかに描かれた。カヒナとは、イスラーム化したアラブ人の北アフリカ侵略に対する抵抗闘争を率いたベルベル人の女王の名である。一説によるとユダヤ教徒とされる彼女にまつわる伝承は、アトランの生地コンスタンティーヌにはとりわけ濃厚に残っている。カヒナはアラブ人の子ハサンを養子にすることを同胞に認めさせるため、裾豊かな自分のスカートからハサンを出してみせたという。コンスタンティーヌの人はみな、したがってアトランもまた、自分がカヒナの子あるいは養子であることを夢見ているかのよう

アトラン「カヒナ」1958年，油彩，146×89cm
（ジョルジュ・ポンピドゥー国立美術文化センター所蔵）

だとデリダは言う。それは抵抗の記憶と諸文化の混成を、いくつものアポリアに引き裂かれたアルジェリアの歴史を、まるごと相続することを夢見ることだろう。アトランはアルジェリアの独立を熱烈に擁護し、友人の弁護士アリ・ブーメンジェルが拷問の末殺害されたときには情感に溢れた追悼文を公表した。

ガートルード・スタインの高い評価を受け、ニューヨーク、そして東京での個展に向けて出発しようとしていた矢先、アトランは病に倒れ、激しく短い生涯を閉じた。死の三ヵ月前、岡本太郎など日本の友人たちに宛てて書かれた手紙は、画家の最後の絵画観を証言する貴重な文書となっている。それは次の一文で始まる――。

「絵画とは、人間を、おのれ自身の中および外の恐るべき力、運命、自然と対決させる冒険である。(3)」

祈りと無神論——『名を救う』

ジャック・デリダが残した仕事はどれも、「テクスト」であることをみずからことさらに強調する。どんな著者の作品も作品であること自体によって著者の生前からその死を予示せずにいないとしても、デリダが署名した作品群のようにみずからことさらに「テクスト」であることを強調する場合、著者の死もおのずと特異な作用を及ぼすように思われる。もちろん彼はそのためにあらゆることをしたのだ。しかし、みずからの死後の、来たるべきテクストの生成を、彼はどこまで計算していたのだろう。あるいはむしろ、どこで計算を「放下」したのだろう。どのように。いま私は、このようなことを考えることなくして彼が残した仕事に触れることができない。そのようにして彼に思いを向けること、馳せることなくして彼について書くことができない。ある祈りの経験にみずからを開くことなくして……。

「テクスト」はそれが置かれた位置、選ばれた視野によってさまざまな姿を見せる。『名を救う』という訳題でその日本語版が出版された *Sauf le nom* も同様である。この「テクスト」は、ひとつの表題を与えられ、ひとつの「作品」として出版された。だから、貴重な翻訳の労働のおかげで、いま私たちは、ひとつの日本語版を手にしている。これほど当たり前のことはない。しかし、この「作品」は、同じ時期に、同じ出版社——ガリレー社——から、同じ装幀で出版された他の二冊の本、『パッション』および『コーラ』とともに、一見明らかな三部作を構成している。このポジションは、日本語版では、同じ出版社——未來社——がこの三部作の版権を取得し、同じ時期ではなかったが同じデザイナーによる装幀で出版したため、さいわい忠実に「翻訳」されることになった（他言語版は管見に触れたかぎりかならずしもそうなっていない）。だから、この「テクスト」は、他の二つの姉妹作の間に置かれるとき、ひとりでは見せない顔を見せる。

主題上の補完性が明白なこの三作は、しかし、執筆時期はかならずしも近接していない。それは『コーラ』が、一九八五—八六年度のセミネールの草稿をもとにしていることからすでに明らかだ。それに対して本書は、「ニース—ベルリン、一九九一年八月」と末尾に記されているように、本が出版された一九九三年に比較的近い時期に書かれた。この二つの日付の間に起きた出来事、世界的な、そして／または私的な出来事の痕跡を、本書は——そのうえに、そのなかに、そのまわりに——さまざまに残している。その点でこの小品は、執筆時期によって近接する他の作品群、一方における『マルクスの亡霊たち』や『友愛のポリティックス』など政治的主題に捧げられた大著に、他方における『盲者の記憶』や「割礼告白」など自伝的色彩の濃い著作にそれぞれ密接な絆で結ばれていて、この星座のなかではまた別の光で輝きだす。

第三に、日本語版がオリジナルな副題（「否定神学をめぐる複数の声」）で明示したように、本書はデリダが「否定神学」を主題的に論じた作品のひとつである。翻訳者の一人西山雄二が記しているように、デリダの「否定神学」との取り組みは、講演「いかにして語らないか――否認＝脱否定《デネガシオン》」（『プシシェ、他者の発明』所収）によってすでに決定的な一歩を印していた。一九八六年、エルサレムで行われたこの長大で委曲を尽くした講演で、本書で論じられることになる否定神学をめぐるトポスはほぼ出揃っていたと言っていい。しかし、さきにも触れたように、まさにこの二つの「否定神学」論をはさむ時期に起きた出来事の数々は、本書におけるデリダの思考の歩みに、限りない瞑想に誘ういくつもの痕跡を残した。ここでは私は、本書がそこに――どこに？――位置するいくつもの、より広いテクストの編目のなかで、このもうひとつの「否定神学」論との絆を特権的に扱うことにする。それを通じて「ガリレー＝未來社三部作」や同時期の他の著作との関連を間接的に視野におさめつつ、本書に残る出来事の痕跡のいくつかを、〈読む〉ことを試みたい。

デリダの思考に対する「否定神学的」という形容は、とても早くから、さまざまな含みをもって用いられてきた。すでに一九六八年、講演「差延」ののちの討論で、質問者の一人がこの指摘を行っている。当時その問いに否定的に応答しつつ、同時にデリダはこの場面の異様な性格に注意を払っていた。というのも、「否定神学的」という形容に否定的に応答するとき、人は何をしていることになるのだろう。差延の思考は肯定神学的でも否定神学的でもないと応答したとたん、そこには「否定神学」に少なくとも類似した身振りが随伴せざるをえないのではないか。「否定神学」をめぐるデリダの本格的な応答は、したがって、一つは「いかにして語らないか」に、もう一つは本書に読まれる、次のような相補的な二つの前提的注意を踏まえて行われることになる。

> かつて誰が、それとして、この名のもとに、単数形で、定冠詞付きの否定神学の企図を、それをわがものと明確に主張しつつ、それを他の事柄の下におくことなく、従属させることなく、少なくともそれを複数化することなく、引き受けたことがあっただろうか？　定冠詞付きの否定神学というこの表題を主題としては、否認する以外のことができるだろうか？（『プシシェ』、原著五三六頁、脚注一）
>
> （……）私はどんなテクストも否定神学にまったく汚染されていないとは信じない。たと

えそれが、一見したところ、神学一般といかなる関係ももたない、もとうとしない、もたないと信じているテクストであってもである。(『名を救う』七五頁〔原著八一頁〕)

前者の注意がよりどころとするのは、哲学史、宗教史で一般に「否定神学」とみなされている文書、この表現がはっきり見えるディオニュシオス・アレオパギテスの『神秘神学』においてさえ、この表現はつねに複数形であり、肯定神学とけっして単純に対立させられてはいないという事実である。そうである以上、ある〈もの〉、例えば脱構築が「否定神学」的か否かという問いは、「否定神学とは何か?」という前提的な、とはいえ容易ならざる問いが無視ないし閑却されるなら、およそいかなる意味も持ちえない。

後者の注意はこの認識を逆の側から再確認する。トマス・アクィナスはディオニュシオスを高く評価していたし、カントにおける理論理性に認識不可能な物自体の仮設はもとより、ライプニッツやヘーゲルも、ジョルダーノ・ブルーノ、ニコラウス・クザーヌス、マイスター・エックハルト等を経由する「否定神学」的思考の流れを継承している。このように、〈否定神学的なもの〉とその「他者」ないし「外部」を一義的に切断する境界はけっして自明ではなく、見る角度を変えさえすればヨーロッパ思想史上のどんな思想、どんな「テクスト」にも、「否定神学」の影を認めることは困難ではない。

問題とされる事態の基本的性格を以上のように把握しつつ、デリダは「否定神学的」という形容に含まれうる非難の含意を分析していく。二つの「否定神学」論を横断して展開されることの分析はおよそ三点に整理される。彼によれば、「否定神学的」という非難には、①単に否定するだけで何も肯定せず結局何も言ったことにならない②否定的ではあれ結局神学であり宗教的規定性をまぬかれない③あれこれの名辞を否定するのは容易であり「否定神学的」テクストの生産は機械的にできる、という三重の含意が認められる。

これらの非難に対し、デリダは次の点を想起あるいは強調することで応答する。非難の①と②は、一見相反するように見えるが、実際には思想史についての同じ皮相的認識から派生したものである。ラテン語キリスト教世界において、否定神学的とみなされた思想表現は、しばしば異端の、さらには無神論の嫌疑をかけられてきた。この危険視は何に由来するのか。そもそも無神論とは何か。「否定神学」的伝統と近代無神論の諸異形の間に、哲学史がまだ思考したことのない、秘密の通路があるのではないか。その通路を発見することの意義は何か。これらの問いが掘り起こされ、現代の思想的課題と突き合わされなくてはならない。他方、③のタイプの非難に対しては、ある祈りの次元が、「否定神学」の「言語表現」を、機械的言表生産から構造的に区別する事情が強調される。祈りと無神論、こうしてデリダの「否定神学」論は、いわばこの二つの極の間で展開されることになるのである。

祈りはアリストテレスが、「否定神学」が現れるはるか以前に、奇妙にも「否定神学的」な言語表現で述べたように、「真でも偽でもない」（『命題論』）。それは本質的に述語付与の秩序に属さず、その点で「否定の道」の神学とあらかじめ親近な関係にあったと言える。しかし、祈りの本質はまた他者への呼びかけの経験でもある。そして、キリスト教、とりわけヨハネ神学によれば、その呼びかけの宛先である神なる他者こそが一切の言葉の起源である以上（「はじめに言葉＝ロゴスがあった」）、この経験は、根源的にどんな言語表現にも先立つはずである。このような他者への呼びかけ appel は、つねにすでに呼ばれてしまっている者の呼び応え rappel であり、応答 réponse である。一切の言葉以前の、言葉の起源である他者への、緊迫した、この関係なき関係が、例えば『神秘神学』の言説を、機械的言説の弛緩から区別するのである。

しかし、それ固有の契機においては言語以前的である祈りも、その言葉がひとたび書かれるやいなや引用の構造にとらわれる。宗教の、そして教育の可能性は、そのとき、そのようにして開かれる。「ディオニュシオスのエクリチュール」は、『神秘神学』の冒頭から、無言の「祈りそのもの」と、「祈りの引用」と、そして「弟子への語りかけ」の間の「間隔化」のうちに身を持している。神への呼びかけ、すなわち神からの呼びかけへの応答、その引用、弟子への呼びかけが、「同じテクスト」を「織りなして」いる。講演「いかにして語らないか」は、ディオニュシオス・アレオパギテスとマイスター・エックハルトのいくつかの著作、「否定神学」

の古典的かつ規範的とみなされるテクストを扱いつつ、この特異な言語表現のありようを教育の問いに連接していく。

それに対し、対話体の本書は、「否定神学」の伝統のいわば周縁に位置するドイツ十七世紀の詩人アンゲルス・シレジウスのテクストの読解を通して、〈否定神学的なもの〉を、教育以上に、友愛および愛の経験に接近させる。本書の冒頭で、アウグスティヌスの『告白』から『神秘神学』における祈りと同型の構造が取り出され、そこにキリスト教的な愛の実践と、西洋における自伝 autobiographie、文字通りには「自己の—生の—痕跡／エクリチュール」一般の可能性が同時に見さだめられていることは重要である。「いかにして語らないか」では、少なくとも表面上はまず論じられていた「祈り」は、ここでは、より明白なある自伝的コンテクストのうちで実践されているのである。

sans と sauf、フランス語のこの二つの否定の前置詞の差異は、後者のうちに、前者には少なくとも表面上は認められない〈救済〉の含意、この二つの前置詞と同じく sa の二文字を含む salut の含意があることである。言い換えれば、〈否定の道〉と祈りの不可分な関係が、sauf のほうによりあらわに認められるということである。一九八六年、エルサレムのデリダは、「私の誕生が私に与えて然るべきだったもっとも近いもの」、すなわち「ユダヤ」と「アラブ」については「私はいまだかつて語りえたためしがない」と述べながら、この講演を、事後的に、

「他者――ギリシャ人、キリスト教徒――の否定神学」を語ることによる「自伝」の試みとして読み直す可能性を示唆していた（『プシシェ』、五六二頁、脚注一）。それから五年、パレスチナ第一次民衆蜂起（インティファーダ）、ベルリンの壁崩壊、そして湾岸戦争と、政治的世界はいくつもの出来事の激震に見舞われた。そしてジャック（ジャッキー）・デリダは、母ジョルジェットの長い臨終に連れ添いつつ、いくつもの「自伝的テクスト」を書き継いだ。

本書の対話は、二つの声のうちの一方が、もう一方の母が病床にある地中海岸の実家に招かれ、そこへアンゲルス・シレジウスの『ケルビムのごとき旅人』抄を携えて訪れるという設定で始まる。「自伝」的言葉は終始他者の声に担われ、対話の最後の言葉も〈客〉の側に委ねられる。〈客〉が前半の議論をリードし〈主〉が問う立場で展開するが、やがて〈主〉の口からひとつの命題が提出される。「ギリシャ―ラテン系統の固有言語《イディオム》で「否定神学」と呼ばれるもの、それはひとつの言語表現《ランガージュ》である。」二つの声の立場はこの命題をめぐり、いわば対等になり、それとともに両者の観点の相対的な差異がいくらかはっきりと現れる。〈主〉の命題は「否定神学」の可能性の条件をおもにギリシャ的ロゴス、哲学に求め、〈客〉の側はその規定をはみだす諸要素を想起してこの命題に執拗に懐疑を差し挟む。言語表現とそこに残された痕跡のかかわりをめぐる中盤の問答の果てに、〈客〉はこの命題を、それに（友）愛 philein と翻訳の不可分な問いを読み込む可能性を見出して、保持することに同意する。

そのとき、目立たないままに重要な役割を果たすのは、やはりギリシャ語系のひとつの言葉、類比 analogie である。〈客〉は、アンゲルス・シレジウスの詩を駆動させるギリシャ的誇張、〈ヒューペルボレー〉Hyperbolē の運動が、類比の論理がギリシャ的思考において、またキリスト教信仰とギリシャ哲学との交差において、伝統的に果たしてきた和解と秩序形成の作用を、自壊に追い込むことを指摘する。

——彼方へと自らを運びながら、この運動は存在と知、実存と認識を根底的に分離する。その運動は、(アウグスティヌス的ないしはデカルト的な)「私が存在するということ」のみならず、「私は何であるのか」と「私は誰であるのか」を知るように私をうながす限りでのコギトを破折させるかのようである。ところで、この破折は私にも神にも当てはまる。それは神と私、創造者と被造物とのアナロジーにまでその亀裂を走らせるのだ。この場合、アナロジーはこの分離状態を修復することも和解させることもなく、これをさらに切り離し、さらに悪化させる。

　ひとは自分が何であるのか知らない
私は私が何であるのか知らない。私は私が知っているものではない。

私はある物であり、またある物ではない。私は点であり、また円である。（第一巻5）

そしてこの件《くだり》からさほど遠くないところに、次のようなアナロジー、「wie〔ように〕」がみられる。

私は神のようであり、神は私のようである。
私は神と同じくらい大きく、神は私と同じくらい小さい。
神は私を超過することはできないし、私は神の下にいることはできない。（第一巻10）
（『名を救う』六九―七〇頁〔原著七五―七六頁〕）

先に〈主〉の命題を引き受けたとき、〈客〉はさしあたり「作業仮設」として、「否定神学」の歴史的場所、その固有語法の確定が、それに「固有の場を割り当てるものが、その固有性を剝奪し、そうしてこれを普遍化する翻訳の運動のなかに参与させる」可能性を示唆していた（本書六四頁）。アンゲルス・シレジウスの詩のなかでの、ギリシャ的な類比の論理の変容は、限界確定がそのまま限界解除になるという、このような事態の端的な例証にほかならない。〈分離する類比〉のこのような作用は、本書後半の軸をなす、「放下」Gelassenheit の思考のうちにも働き続ける。

　惑星規模の技術の帝国主義の〈彼方〉を思考しようとしたとき、ハイデガーがエックハルト経由のこの言葉を重視したことは知られている。本書はデリダがこの言葉に即して展開したもっとも貴重な思考の記録でもある。〈客〉はこの言葉を、一方で愛の定義とし、他方で来たるべき民主主義のアポリアに結びつけつつ、祈りと無神論が、この言葉のうちで、ほとんど同義になっていくことを示す。神からその名を除き sauf le nom、あるがままに残すこと。否定的に把握を慎むだけでなく、放棄するすべを知ること。神に何も、頌歌も栄光も与えないことに一切の知の彼方でたくみであること。静謐に、平穏に、別辞《アデュウ》も与えずに神《デュウ》を残し、離れ去ること。それこそは「ラディカルな無神論」の挙措であり、しかし／そして、「否定神学」の言葉を、極限まで、砂漠のように涸渇させる、一切の言語活動以前の、祈りの運動でもあるだろう。

　このような Gelassenheit は、つねに他者から、秘密のうちに、ほとんど秘教的に、学ばれるほかはない。記憶を喪失し、嗜眠状態のなかで生き延びる、「静かに私たちのもとを去ってしまい、もう誰の名も呼ぶことができない」〈主〉の母こそは、本書におけるこの「秘密の放下」の、「師」にして「神」ではなかったか。翻って、いずれの声も「私の母」と言わないこの「テクスト」は、この「母」、すなわちつねにすでに他なるものへと生成を遂げつつある他者との〈分離する類比〉のうちで、みずから他なるものへの生成を賭けて綴られたのではなかったか。

「割礼告白」は、著者のユダヤ教徒の母が、著者がまだ神を信じているかどうか、つねに気遣い、不安を抱いていたことを明かしていた。そのような母に、息子は彼の無神論を、どのように告げることができただろう、その告白と祈りとを、「同じテクスト」に「織りなす」ことなくして、どのように。

リス＝オランジス、二〇〇四年八月八日

ジャン・ビルンバウムとの対話『生きることを学ぶ、終に』は、対話者による解説（「喪を宿す　子供としてのデリダ」）にある通り、最初すこし割愛された形で二〇〇四年八月十九日、『ル・モンド』紙に、「私は私自身と戦争状態にある」（« Je suis en guerre contre moi-même »）というタイトルで発表された。十月八日から九日にかけての夜に、デリダが世を去る一月あまり前である。そして、その完全版が、本年一月、単行本として出版された。こうしてそれは、二〇〇二年のスリジィ＝ラ＝サルにおけるコロックの報告書『来たるべき民主主義』（*La démocratie à venir — Autour de Jacques Derrida*, Galilée, 2004）に続く、哲学者没後の二冊目の本となった。

彼とともに、私たちも線を越えてしまったらしい——この対談を翻訳しながら、どういう意味か、自分でもはっきりしないまま、そんなことを考え続けた。八月、『ル・モンド』で読ん

だときとは、言葉の細部から受ける印象がひどく違った。ときには、狼狽を覚えるほどに。例えば、この対談の基調となった、「私は〈生きることを学んだ〉ことはまったくない」という言葉は、八月には、生への強い執着を、ひたすら響かせていた。もちろんそれが、この対談が向かった主要な方向のひとつであることに変わりはない。しかし、より無垢で、より無防備な何かが、この言葉の奥に動いていたことが、いまははっきり感じられる。何が変わったのだろう？　いずれにせよ、誰よりそのことに敏感だったのは対話者のビルンバウムに違いない。巻頭の解説は、この謎めいた、精妙な経験の見事な報告であり、短いながら、デリダの仕事への大きな愛と深い理解を示す秀逸な文章である。

死後になお伸び続ける毛髪や爪。ふとそんな連想が脳裡をよぎる。本書自身が、対話中で繰り返し論じられる「根源的な生き残り」の、もっとも生々しい例であるように思えてならない。近年のデリダの刊行ペースは、それ自体、著者の生のリズムを伝えてきていた。それらの著作を刊行後ただちに読むことを習慣としてきた者には、そのリズムが、著者の死を超えて、なお不思議な鼓動を刻んでいるような気がしてしまう。

妄想はさらに続く。上梓された翻訳を著者に贈る。そしてある日、電話が鳴る。

「こんにちは、私はジャック・デリダです。本当にありがとう。今回も美しい本にしていただいて。また大変なお仕事だったでしょう……。」

私はいつも不意を打たれ、心の準備もないまま、しどろもどろに答えていた。昨年、『カイエ・ド・レルヌ』に一文を寄せたときも、ある日、熱烈な謝辞が受話器を通して伝えられた。とんでもありません、私こそ、こんな素晴らしい論集に書かせていただいて光栄です……。どうしてこんなつまらない言葉しか出てこないのか、自分を呪いながらやっと返事をすると、苛立ちもあらわな声が返ってきた。

「違います。光栄なのは私です。役割を転倒させてはいけません。」

こんな瞬間、こんな応答の時間は、もう二度とない。そう自分に言い聞かせつつ、この翻訳を誰に贈るべきか考えずにいられない。私のなかには、まだ、本を贈ればきっと、彼の声が、あるいはあのほとんど判読不能の彼の手紙が、ある日、届くことを信じ続けている誰かがいる。そうでなければ、翻訳をする意味がどこにあるのかと、つぶやく声がある。

二〇〇四年八月八日。地下鉄ゴンクール駅近くで花をもとめ、リヨン駅から郊外電車でリス＝オランジスへ。ほどなくマルグリット夫人が車で迎えにきてくれる。容態を訊ねると、このところ調子がよくないと言う。検査の数値に特段変化はないのだけれどと、浮かない顔で付け加える。

デリダ家に着き、十数年ぶりにその居間に入ると、白い薄手のジャンパー姿の背中が見えた。ジャック・デリダは後ろ向きで電話をかけていた。やがて子器を置き、振り返ると、私を見て深いため息をついた。「ありがとう、泣き言ばかり言っているこんな老人に会いに来てくださって」「とんでもありません。心配していたほどおやつれじゃないので安心しました」「へえ、これよりひどいどんな状態を想像されていたのですか?」

嘆声に、冗談が混じる。やがてもう一人の見舞客、コロンビア大学のギル・アニジャールがやってきた。イスラーム期アンダルシアのユダヤ文学の研究で知られるフランス生まれのモロッコ系ユダヤ人アニジャールは、デリダの弟子のなかでもっともラディカルな反シオニストだ。

話題は期せずして政治に傾いていく。

『ル・モンド・ディプロマティック』創刊五十周年の集いで、パレスチナ自治政府EU代表のライラ・シャヒードが、兵役を拒否したイスラエル人の若者の手を握って行った長いスピーチのことを、デリダは大きな感動をこめて語った。私が、アラファトは実権を手放し、象徴的権威で満足して、自治政府の民主化に着手すべきだと言うと、アニジャールは、アラファトが何をしようと事態は変わらない、いまの状況でパレスチナの民主化を一面的に要求すれば、イスラエルの植民地政策という問題の本質を見失わせかねないと自説を展開した。私たちの議論を、師は黙って聞いていた。

病が明らかになった二〇〇三年夏以来、デリダは繰り返し、病気そのものよりも化学治療のための疲労がつらいと訴えた。この日は、薬物の副作用で味覚がほとんど失われたことを明かし、そして、治療に必要な時間が不定であることが特にこたえると付け加えた。「二週間か、それとも十年か……。」それでも、三日後にはリオデジャネイロに行くという。考え直されたほうがいいのではと問うと、コロックの美しいポスターを見せながら彼は言った。「この催しはかなり前から決まっていたから、いまからキャンセルしたくない。」

二時間ほど、哲学者、教育者としてのみずからの生涯について、政治について、歴史について、そして、今後の出版計画について語り、また、友人からの何本かの電話に応答するうちに、デリダの声は次第に力を取り戻した。この対談にも触れて、ヨーロッパ、イスラエル、婚姻について、自分がそこで語ったことを、私たちに熱心に説明した。そして、ポルトガルのコインブラでの講演録(『主権』*La souveraineté*)と、六月のストラスブールでのシンポジウムの記録(『ストラスブールで/を考える』*Penser à Strasbourg*)を取り、署名をして、私たちに手渡した。

そのとき、『ストラスブールで/を考える』に、彼は一ヵ所手を入れた。今日の、そして明日のヨーロッパにとって、ユダヤ教、キリスト教、イスラームとは何か。ストラスブールの哲学者ジャン゠リュック・ナンシー、フィリップ・ラク゠ラバルトとの、この問いの分有の歴史に触れて、そこにはこう書かれていた。

この問いはわれわれに、ユダヤ性の試練からもやってきます。ユダヤ性は私たち三人が、ユダヤ教徒のジャン゠リュック、ユダヤ゠カトリック教徒のフィリップ、そして、ご存知のように、半分カトリック、半分カルヴァン派である私が、深く、つねに気にかけてきた事柄でした。

この最後の文は、おたがいの宗教文化上のバックグラウンドをわざと入れ替えて、他者の立場からの考察が各自の仕事の一部をなしてきた彼らの哲学的友愛のある側面を、ユーモアをこめて示唆したものだ。笑みを浮かべつつ、彼はボールペンで、「半分カトリック、半分カルヴァン派」という自分の規定だけを、「イスラーム゠カルヴァン派のある種のマラーノ」と訂正した。

この日、最後に飛び出したのは、冗談とも本気ともつかないこんな言葉だった。「もし神が私を見放すなら、それは私の本をよく読まなかったということだ。」

私たちが暇乞いをすると、彼はもう一回礼を言い、一人一人を長く、固く抱きしめて頬に接吻した。

二ヵ月後、神にはデリダは難解すぎたことを私たちは知った。九月なかば、私が最後に電話をしたのは、逆算すると、腹部に激痛が走り、彼が緊急入院する数日前だったことになる。八月に、日本から贈られた翻訳やその他の、彼の蔵書中の日本語の本の整理を依頼されていた私は、その作業のため、まもなく再訪する意志を彼に伝えた。

「まもなくというと、いつ頃ですか?」

「たぶん三月には……」

「三月か……。遠いな……。でも、頑張ります……。」

それが、私に語られた、ジャック・デリダの最後の言葉だった。

« Mars… C'est loin… Mais je persévérerai…»

そのときの約束を果たすため、私はいま、彼に会いに行く途上にある。

名のおかげで

哀悼の場で、哀悼の時に、生きている者が自分のことを語ること、死んでしまった者について、彼あるいは彼女と自分自身の関係について語るためにそれがどれほど必要だとしても、そこには一抹の慎みのなさが入り込むことは避けられません。そもそも、かつてなく、彼あるいは彼女に向けて語るべきときに、彼あるいは彼女について語ることが、デリダによれば、すでに友愛の掟に反しています。

しかし、一見哀悼とは無縁な、「読む」という営みについてのある本質的な考察の際に、すでにデリダは、「プラトンのパルマケイアー」の冒頭でこう言っていました。テクストのなかに自分自身の何ものかを持ち込むことなしには、どんな「読み」も可能ではない。後年の友愛論に接した私たちは、この認識が、読者が、生きている者が、「さしあたりの生き残り」であり、「読み」という営みが、つねに、限られた時間のなかでしか可能ではないというもう一つの認識と結びついていることを知っています。私たちはいつまでも待つことはできません。私たちのなかで「さしあたり生き残っている」、死んでしまった友のある日の特異な姿、言葉を、さらに「生き残らせる」ため、誰かに、他の友に伝えるため、私たちは自分のことを語らずにいることはできません。

デリダが初めて友愛について語るのを聞いたのは、一九八八年六月、その年のゼミの最後の回に、私がジャン・ジュネの『シャティーラの四時間』についての発表をしたときでした。一九八二年九月、レバノンの首都ベイルートの西郊外にある難民キャンプで起きたパレスチナ人民衆の虐殺事件のルポルタージュでもあるこの文章を読まれた方は、それが、累々と横たわる死者たちへの、ある特異な愛の告白であり、オマージュであることをご存知だと思います。この発表で私は、通常「死体愛好」と訳されるネクロフィリアという言葉を取り上げ、その原義に遡って再考することが必要だと考えました。そして、アリストテレスやハイデガーにおけるギリシャ的な愛、友愛の思想、フィリアの思想を、デリダの前で、とても不器用に論じたのでした。

すると、驚いたことに、デリダは突然、「我が意を得たり」とばかり言い出しました。「私もこのところフィリアのことを考えています。それはたくさんの思想家がかかわる、とても大きく複雑な歴史です。プラトン、アリストテレス、キケロ、モンテーニュ、ニーチェ、ブランショ……。」そしてその年の十一月、新学期とともに、のちに『友愛のポリティックス』となる友愛論のセミネールが始まりました。フランス革命二百周年の年が近づいていました。

私が今日選んだ文章は、直接には、これら西洋の友愛の思想家のうち、モンテーニュを、デリダが論じた一節から抜き出したものです。ミシェル・ド・モンテーニュと、エティエンヌ・ド・ラ・ボエシの間の友愛は、前者が後者の死後に書いた、『エセー』一巻二八章の「友愛について」という文章によって、文学史上に名をとどめていますが、日本ではかならずしもよく知られているとは言えません。「このような友愛を築き上げるにはきわめて多くの偶然のめぐり合わせが必要だから、運命が三世紀に一回でもそれに到達すればそれだけでもたいしたこと」とモンテーニュはこの友愛を語ります。その例外的な性格は、選りすぐりの友の例として、ジョルジュ・ブラッサンスの「友だち第一」Les copains d'abord でも触れられています。ちなみにこの歌のタイトルの日本語訳はなんと「パリジャン気質」となっています。これはアラン・レネ／マルグリット・デュラスの「ヒロシマ、私の恋人」Hiroshima mon amour が「二十四時間の情事」に化けてしまったのに匹敵する凄まじい歪曲ではないでしょうか。このような改変がなお翻訳と言えるとして、それが遂行的に主張しているのは、「友だち第一」という思想が外国のものであり、日本のものではないということです。逆に、私たちの課題は、このような改変がまかり通る国で、「友愛のポリティックス」はいかに可能かということになるでしよう。

名のおかげで友愛は友愛より前に始まる、名のおかげで友愛は友愛の後に生き残る、つねに友愛は、おのれの後に生き残ることによって始まる。(1)

モンテーニュはラ・ボエシを、現在は『自発的隷従論』と呼ばれている、無政府主義の源泉の一つともされる著作の作者として、まずその名によって知っていました。友愛は、こうして、出会い以前から始まっていたのです。デリダはこの事実に、名とその持ち主の関係をめぐる、彼に固有の考察を結びつけます。名というものは、その命名の瞬間から、名付けられたものの死後に生き残るさだめを負っている。誰も自分の名と、時間的に一致することはできない。名がなければ同一性はありえないけれども、誰も自分の名と同一化することはできない。ギリシャ的な友愛の思想は、友愛をつねに現前の価値と結びつけてきました。デリダの友愛論は、現前の形而上学の脱構築を主張する哲学者ならではのやり方で、友愛と現前の価値とのこの結びつきを問いに付します。そのことで友愛は否定されるどころか、友愛の経験、友愛の思考は、かつてなく深められていくのです。

名と友愛の関係は、また、文化のあり方とも深くかかわっています。友を姓で呼ぶか、それとも名前で呼ぶか。その選択は、友が男性の場合と女性の場合とでどのように違うか。師を、先生に当たる人を、その人の前で、姓ではなく名前で呼ぶことはできるか。この問いは、ある人を師として尊敬しつつ、同時にその友であることができるかどうかというもう一つの問いと密接に結びついています。

フランスでは六八年五月革命ののち、学生と教師の間で、名前で呼び合い tutoyer をすること、つまり敬称ではなく親称で呼び合うことが始まりました。日本では、五月革命に相当する大学闘争、社会闘争があったにもかかわらず、同様のプロセスの拡大、深化がどこかで抑止されてしまいました。私のなかにも、あの時代の文化的激動に多少触れたにもかかわらず、この点について、伝統的な何かが完全に壊れないまま残っています。一九八〇年代、フランスに留学すると、パリ第八大学のドゥルーズの講義に出席している日本人の友人たちが、「ジル」とか「フェリックス」などと言っているのを耳にすることがありました。当時は正直に言ってやや違和感を覚えました。しかし、デリダと次第に交流が続いていくと、ある頃から彼が私を「サトシ」と呼ぶようになりました。そのとき、私は、彼を「ジャック」と呼ぶべきだったかどうか、いまも分かりません。しかし、一度「サトシ」と呼ばれてしまうともう「ムシュウ・デリダ」と返すわけにもいきません。こうして私は、彼を名で呼ぶことができなくなりました。カフカの『掟の門』の田舎の男のように、「ジャック」という名の前で、私はたたずみ続けていました。彼が私の前にいる限り、電話の向こうにいる限り、手紙の宛先でありうる限り、「あなた」vousと呼びかければ、「その場」の対話は成立しました。しかし、二〇〇四年十月九日からは、彼の名を呼べない私は、彼と対話することがとても難しくなってしまったのです。自分のなかに死者を呼び出すためには、どうしても名が必要です。「名のおかげで友愛は友愛の後に生き残る。」『友愛のポリティックス』の彼の言葉が、そのとき、恐るべき光のもとに現れました。

四月十日、サファー・ファティ[2]が案内してくれて、私ははじめて、パリ南郊外リス＝オランジスの公営墓地にある、ジャック・デリダ、ジャッキー・デリダの墓を訪れました。お墓の石に手を置いて、「ジャック、サトシが来たよ」Jacques, Satoshi est venuと、サファーは彼に呼びかけました。同じように呼びかけることのできない私は、黙ったまま、花で覆われたお墓を見つめていました。彼女のこれだけの言葉に、目暈を覚えることなくしては経験することも、思考することもできない友愛の秘密が含まれていること、そのことを教えてくれた人が、そこに眠っていました。彼に向かって、心のなかでさえまだ何も言えないまま、もしかすると、彼を「ジャック」と、終に呼べるようになるかも知れない、そんな予感がしました。「友愛はおのれの後に生き残ることによって始まる。」この「友愛」から、この「友」から、私はいつまでも学ぶことをやめないでしょう。

*

〈裸〉の師

〈何か〉と〈誰か〉、一九九〇年代以降、ジャック・デリダの仕事には、この二つの疑問代名詞を用いた問いが以前にもまして増えてきていた。あるいはむしろ、そのような問いを仮設的な起点とした思考の試みが、と言ったほうが正確だろう。というのも彼は、これらのテクストで、この文法的カテゴリーのいずれをも、それ以上問う必要のない哲学素として引き受けていたのではないからだ。「この二つの疑問代名詞を用いた問い」と最初に書いたが、ここで早速訂正しなくてはならない。これらの問いのなかで、〈何か〉と〈誰か〉は、単に「使用」されているだけでなく「言及」されてもいる。二つの疑問代名詞は、「用いられ」ると同時に「引かれ」てもいる。すなわち、引用され、それ自体問いに付されている。そして、そのことを通して、これらの言葉を「用いて」形成されたこれらの問いそのものも、問いの例として「引かれ」、問いに付されているのである。こうして、ある深淵状の思考の空間が開かれる。一見簡素な措辞によって。

〈何か〉と〈誰か〉を同時に「使用」し「言及」すること、〈何か〉と〈誰か〉を同時に。それは存在論とある種の倫理学を、存在論的思考とその〈他者〉とみなされるある種の他者の思考を、同時に問うことである。この倫理的思考は、他者を存在に還元すること、他者にある固有性を付与し、〈何か〉として認識し承認することで統御し支配する存在論的思考に異を唱える。他者に対して発せられるべきは、「あなたは何か?」という問いではない。「あなたは誰か?」という問いだけが、「何か?」の問いと区別される限りで、主体を客体に、実存を本質に還元することなく他者に呼びかけることを可能にする。この無限定、無規定な「誰か?」の問いを主体の問いの代わりに置くこと。主体概念のあらゆる問い直しの翌日、新しい、積極的な哲学の形成は、脱構築以後の構築は、ここからしか始まらない。ここから始まらなくてはならない。

このような提案は、デリダの仕事の批判者からのみ出てきたのではない。一九八〇年代後半には、彼にもっとも近い、もっとも親しい友の間からも、類似の動きが見られるようになっていた。一九八八年、ジャン=リュック・ナンシーが雑誌『トポイ』の依頼を受けて編集した主体論集はまさしく『主体の後に誰が来るのか?』(*Après le sujet qui vient*)と題されていた。このタイトルの着想を、ナンシーはモーリス・ブランショに負っていた。デリダはこの号に論文を発表しなかった。その代わり、ナンシーとの対話「『正しく食べなくてはならない』あるいは主体の計算」が収められた。この意見交換が、一九九〇年代以降の彼の仕事に、〈何か〉と〈誰か〉を同時に問う思考の展開がいっそう顕著になる機縁の一つになったのではないか。仮設としてそう考えさせるに足るものが、例えば次の応答のうちに読み取れるように思われる。

ナンシー　ぼくにとって主体とは、何よりもヘーゲルにおけると同様、「自己自身の矛盾を自己のうちに保持しうるもの」のことだ。この「固有性」の脱構築において、「ものが」〔ce qui〕が、「自己」の「何」〔quoi〕が、「誰が」〔qui〕の位置および問いを露呈させるのだと思う。ヘーゲル的な形ではもはや「自己に」有らぬような「誰が」の位置と問いを。もはやこの固有性を持たないような「誰が」、それでもやはり「誰が」であるような。ぼくが問いたずねているのは「この者」〔lui〕なのだ。

デリダ　相変わらず予備的な注意だけれど、形而上学と文法を結び合わせるものに対するニーチェの警告を忘れないようにしよう。彼の警告の数々も、それはそれで、調整され、問題化される必要があろう。でも、彼の警告には必然性がある。「『誰が?』の問い」を通してわれわれが求めているものは、もはや文法には、さらには主体＝主語の文法的機能をつねに参照する関係代名詞あるいは疑問代名詞には属していないだろう。主語あるいは実詞〔substantif = 実体的なもの〕の文法と、実体〔substance〕あるいは主体の存在論の間に結ばれたこの契約を、どうしたら破棄することができるだろう？　（……）差延的単独性は、おそらく、「誰が」がある動詞の主語であるような、主語の後に来る動詞の主語であるようなある文における「誰が」の文法的形式にさえ対応しない。（……）「単独性」がさしあたりわれわれが考慮するモチーフであるとしても、「単独性」が「誰が」によって翻訳されたり、「誰が」の特権であり続けたりすることは、確実でもなければアプリオリな必然でもない。ニーチェとハイデガーは、両者の間にどれほど深刻な相違があるにせよ、二人揃って、何というか、実体主義的、主体論的形而上学に対する不信を表明したまさにその時になお、「誰が」の問いに信頼を与え続け、「誰が」を主体の脱構築から除外さえしたのだ。だが、われわれは、さらに進んで、それがどこまで正しかったか問うことができる。[1]（……）

〈何か〉と〈誰か〉、この二つの疑問代名詞を、その想定上の安定した差異（物件／人格、手段／目的、等々）を、それゆえ私は、ジャック・デリダにかかわる発話において、暗黙のうちにも前提することができない。彼の存在を過去形で問うこと、彼が何であったかを問うことは論外である。時制を現在、あるいは未来に変えても、おそらく、事態はさして変わらないだろう。それでは、彼が誰であったかと問うことはどうだろう？　第三者の前で、第三者に対して、それも過去形でこの問いに答えようとすれば、〈誰か〉はたちまち〈何か〉に転化するだろう。〈誰か〉の問いを〈何か〉のそれから区別するためには、私のなかで、二人称の位置に彼を呼び出さなくてはならない。時制は必然的に現在に、不在の他者に呼びかける演劇的な現在になるだろう。ある種の追悼文がこの文法に、このレトリックに、このパフォーマティヴに訴えることはまれではない。「かのように」のフィクションが、私が彼に呼びかけることを可能にする。約束することさえ。この可能性は原理上閉ざされてはいない。そればかりか、ある私的な、内密の空間では、必然でさえあるだろう。だが、彼が解さなかった言葉、例えば日本語で、しかも公的な空間で、そのような試みは端的に不可能だ。

　この状況から逃れる道は、おそらく、立場を転倒させ、私が、〈何〉そして／または〈誰〉であるか問うこと以外にない。彼にとって。過去、現在、将来において。そして、答えのありえないこの問いを思考し始めるには、ただ、この状況を問うだけでいい。なぜ私は、ジャック・デリダにかかわる発話を、ジャック・デリダの思考を参照することなく行うことができないのか？　彼が〈何〉か、彼が〈誰〉か、なぜ自由に語れないのか？　〈何か〉および〈誰か〉を問う彼の思考が私の発話を拘束する。彼の問いの力、問いそのものを問う問いの力に、その磁場に、私の思考は捕われている。そして、そこから出ることを欲しない。精神分析的観点からは「転移」と呼ばれるに違いないこの状況が、私に与えられた証言の空間であることになるだろう。そのとき、それがある種の師弟関係の空間でもあることを否認する理由はない。そこから私は語り出すことができる、語り出さなくてはならない、この文の外見に反して一切の〈何か〉および〈誰か〉の彼方で、「私にとってジャック・デリダは、一つの研究対象である以前に、一人の師である」と。

だが、ここから事態は錯綜し始める。というのも、この師は、彼の著作中で、まさしく師弟関係について何を言ってきただろう？ 彼自身の師について、その師とみずからの関係について、弟子であることの経験について？ 一九六三年三月四日、哲学院で行った講演「コギトと狂気の歴史」の冒頭で、彼はすでにこう言っていなかっただろうか？

> （……）弟子の意識は、この弟子が師と、論争ではなく問答を始めるとき、あるいはむしろ、彼を弟子たらしめてきた終わりなき沈黙の問答を口に出し始めるとき、弟子の意識は、そのとき、一つの不幸な意識である。世界のなかで問答し始めること、すなわち応答し始めることによって、この意識は、つねにすでに、誤謬の現場を取り押さえられている自分を感じている、子供は定義上、そしてその名が示すように話すことのできない者であるが、その子供が、とくに応答だけはしてはならないように。そして、ここでそうであるように、

この問答が——誤って——異論と聞こえかねないとき、弟子は知っている、このことによって、自分が、自分のなかで自分の声に先立つ師の声によって、異を唱えられているのを見いだすのは自分一人であることを。無際限に彼は感じている、自分が異を唱えられているると、あるいは反駁されていると、あるいは非難されていると。弟子としては、彼のなかで、彼より前に、この異論を唱えたことを非難する師によって、彼より前に、この異論を展開しあらかじめ反駁もしていた師によって。内なる師としては、彼は、それゆえ、彼がまたそれでもある弟子によって異を唱えられる。弟子のこの終わりなき不幸は、おそらく、彼がまだ知らないこと、あるいは自分に隠していることに起因しているのである、師というものは、ほんとうの生活と同じように、おそらく、つねに不在なのだということを。
それゆえ硝子を割らなくてはならない、あるいはむしろ鏡を(2)(……)

この一節は、ミシェル・フーコーの『狂気の歴史』について公開の問いを発する前に、三十二歳のデリダが克服しなくてはならなかったある内心の葛藤を証言している。それを師弟関係一般に普遍的な葛藤として提示したこと、「不幸な意識」というヘーゲル的概念を参照していること、弟子の意識のこの「不幸」をある種の無知に、半ば意欲された無知に帰したことは、この発表の内容と一面では深く呼応しつつ、この事態そのものに対しては、いくぶん距離のある説明という印象は拭えない。しかし、（後年のデリダの著作にはほとんど見られないランボー（「錯乱Ⅰ」、『地獄の季節』）への参照を踏まえた）「師というものは、ほんとうの生活と同じように、おそらく、つねに不在なのだ」というこの「知」には、あるとても生々しい響きがある。

とはいえ、この「知」は、この「知」への到達は、ただちにあらゆる師弟関係の終焉を意味するのだろうか？　師はこの「知」の産婆役であり、その誕生とともに残りなく姿を消すのだろうか？　硝子を、鏡を割ることを命ずるのは、いまや弟子であることを止めた意識の主体的「自由」なのだろうか？　その一年後、一九六四年、「暴力と形而上学」では、エマニュエル・レヴィナスの思想における言葉の地位が、教育の問いと不可分の形で規定される。

> （…）どんな正義も言葉とともに始まるとしても、どんな言葉でも正しいわけではない。レトリックは理論＝観照の暴力に立ち返りうる、理論＝観照は、それが他者を導くとき他者を還元する、降霊術、民衆煽動、教育そのものにおいてさえ。教えは教育ではなく、その絶対的外在性が弟子の自由を傷つけない師の高みから下る。(3)

教育と区別される教え（enseignement）、弟子の自由を傷つけない師、師弟関係がそのようなものであるために、師の高みが維持されるために、弟子が「自由」であるために、師の言葉はレトリックを回避しなくてはならない。ここで、ただちに、教育の問いは〈裸〉の問いに移行する。二つの〈彼方〉が指し示される。一つの〈彼方〉からもう一つの〈彼方〉に向かうある運動のなかで、レヴィナスにおける〈裸〉の問いが、顔の〈裸〉の問いが、教育ならざる教えの可能性の問いとして位置づけられる。

レトリックの彼方で、言葉は顔の裸をあらわにする。この顔の裸なくしては、どんな裸にも意味がない。あらゆる裸は、「恥じらいのうちに感じられる体の裸でさえ」、隠喩なき顔の裸の「比喩形象」なのである。（……）「顔の裸は文体における一つの比喩形象ではない。」そして、相変わらず否定神学の形で、この裸は〈開き〉でさえないことが示される。というのも、〈開き〉は「囲繞する充溢」にかかわるからである。「裸」という言葉は、それゆえ、それ自身の彼方を指し示す用を果たしたのちにおのれを破壊する。[4]

説得のテクネーとしてのギリシャ的なレトリック、導きのテクネーとしてのギリシャ的な教育と区別されるユダヤ的な教えは、顔の裸をあらわにするレトリックの〈彼方〉の言葉から始まる。師の顔が裸であること、言葉によって師が裸の顔を、顔の裸をあらわにすること、誠実と、廉直と同義である裸性を示すこと、それが教えの条件である。顔の露出は裸ではなく顔以外の身体部位の露出を裸とみなす常識に反して、顔の裸こそが「裸」という言葉の原義であるとレヴィナスは考える。「暴力と形而上学」ではやがて批判的分析に委ねられるレヴィナスの裸の思考、裸という言葉を通じて裸の〈彼方〉を志向するこの思考に、デリダは、しかし、後年まで真剣な関心を寄せ続けた。例えばアルジェリア・ユダヤ人の画家、ジャン＝ミシェル・アトランに捧げた論考「色彩から文字へ＝文字通りの色彩について」（二〇〇一）でも、レヴィナスのアトラン論「アトランと芸術の緊張」とともに、『他なる人間のユマニスム』の「可傷性と感性」の章を参照しつつ彼は書いている。

レヴィナスにとって、それはあたかも造形芸術における裸はまだ十分裸ではないかのようなのだ――まさしく、おそらく、アトランという例外的な事例を除いて。そうだとすると、アトランは、一度も「裸体」を描かずに、裸体よりも裸の裸性の経験に到達し、それを思考し、作品化したことになるだろう(5)。

しかし、そうだとすると、教育そして／または教えの場で、ある種のレトリックによって、教師が、顔ばかりか全身の裸を、生まれたままの自分の姿をあらわにするとしたら、そのとき、何が起きるのか？　師は、弟子は、どうなるのか？〈誰〉に、あるいは〈何〉になるのか？一九九七年七月十五日、哲学者の六十七歳の誕生日に、スリジィ＝ラ＝サルの城館で起きたのは、まさにそのような出来事だった。「自伝的動物」と題されたコロックにおける発表「私は動物を追う、ゆえに私は（動物で）ある（続く）」（«L'animal que donc je suis (à suivre)»）で、デリダは聴衆に、こんな場面を想像することを強いたのである。

時間の生成＝有史以来〔Depuis le temps〕、動物がわれわれをみつめてきたと言えるだろうか？

どんな動物が？　他の動物が。

しばしば私は、この私は、試しに＝見るために〔pour voir〕、自分に問う、私は誰か＝誰を追うのか〔*qui je suis*〕——それも、ある動物のまなざし、例えば一匹の猫の眼によって、沈黙のうちに、裸でいる不意をつかれたとき、ある気詰まりを克服するのに苦労を、そう、苦労をしている瞬間、私は誰か＝誰を追うのかと。

なぜ、こんな苦労をするのか？

私はある恥じらいの運動を抑えるのに苦労をする。私のなかの、無礼さに対する抗議の声を黙らせるのに苦労をする。（……）あたかも私は、そのとき、猫の前で、裸のまま恥じているかのようだ。しかしまた、恥じていることを恥じているかのようだ。恥の反射、おのれ自身を恥じる恥の鏡、同時に鏡像的であり、正当化不可能であり、告白不可能であるような恥の。このような反射の視覚的中心に、〈事〉〔大変な事態 la chose〕は見いだされるだろう——そして、私の眼には、裸と呼ばれるあの無比の経験の焦点であるものが。(6)

動物のまなざしの前で裸を恥じるという経験を、自分の経験、自伝的経験として、デリダはコロックの聴衆に差し出した。あの時の何とも言えない気詰まり、居心地の悪さは忘れられない。彼を多少とも師と「仰ぐ」同席者はみな、多少ともこの情動を分有していただろう。「この場面を考えようとすると、どうしても裸のデリダを想像しなきゃいけなくなるから困る。」増田一夫が苦笑とともに漏らした一言が、われわれの困惑を要約していた。

この講演の後半はレヴィナスとラカンにおける動物の排除の論理の分析に宛てられた。このうちラカンに関する部分は、『カイエ・ド・レルヌ』(二〇〇四)に発表された「では、もし動物が応答したら?」(7)とほぼ重なる内容だった。『自伝的動物』に収められたテクストでは、この部分が、コロックの際には詳細に展開されなかった聖書創世記の読解、アダムによる動物の命名と、カインによるアベル殺害の物語の読解に取って代わられた。

動物のまなざしを前にした恥。その恥に対する恥。どこから、いつから、それを思考するべきか？　動物は裸だが、自分が裸であることを知らない。したがって動物に恥はない。ゆえに裸ではない。人間だけが恥を知る。ゆえに裸になることができる。言い換えれば、恥知らずになることが。しかし、まさにそれゆえに、人間はもはや、純然たる裸、自然の裸であることはできない。自然のなかにも、文化のなかにも裸はない。動物の裸も裸ではなく、人間の裸も裸ではない。しかし、この二つの「裸でない裸」は同じ時間を分有しない。デリダがわれわれに考えるべく与えた場面で、二つの「裸でない裸」は、そのラディカルな隔時性において〈対面〉する。

レヴィナスにおけると同じようにデリダにおいても、裸の思考は、このように、不可避的に否定神学的な様相（「裸でない裸」）を帯びる。しかし、レヴィナスの他者の思考が不可避的に排除する動物という〈他の生ける者〉の介入とともに、レヴィナスの思考が他者と私の間の乗り越ええない限界を画定する場所で、デリダの思考は、「限界の深淵化」と彼が呼ぶ、限界の画定が同時にその解除でもあるような事態を引き起こす。それは人間に固有なものの限界の深淵化である。彼の思考の微妙な襞が、そのとき、かすかに開かれる。

こうした瞬間、〈事〉の瀬戸際、最善あるいは最悪の事態が切迫するなか、あらゆることが起こりうるとき、恥あるいは快で私が死にかねないとき、もはや私は知らない、何に

向かって、誰に向かって、私は自分を急き立てているのかを。[8]

「最善あるいは最悪」、「恥あるいは快」。こう言えるとすれば、これこそは決定的な決定不可能性ではないだろうか。恐れあるいは期待のなかで、できることはかろうじて、どちらに転ぶか、「試しに＝見る」ことだけだ。このとき起きようとしていること、到来しようとしていること、〈事＝大変な事態（la chose）〉は、もはや、〈何〉あるいは〈誰〉、いずれのカテゴリーで問うべきかさえ知られない。

この切迫の瞬間を、デリダは、創世記二章一九節の、人間による鳥獣の命名の時間、より正確には、その間際の時間に送り返す。この一節で彼が注目するのは、この状況を差配した神自身が、人間の言語とともに、人間が言葉を発し、鳥獣に命名するとともに起きるべきこと、到来すべきことを、どうも知らないように見えることである。日本語版聖書の新共同訳では、この一節は、「主なる神は、野のあらゆる獣、空のあらゆる鳥を土で形づくり、人のところへ持って来て、人がそれをどう呼ぶか見ておられた」となっている。デリダが参照する二つのフランス語版では、そこにはいずれも pour voir という表現が、われわれがここまで、「試しに＝見るために」と訳してきた表現が使われている。神は人間が動物を従属させること、支配することを欲した。しかしその神は、人間がこの最初の言語行為によって動物を自分の支配下に置こうとするとき起こるべきことを、あたかも知らないかのようなのだ。主権者として人間を見張り、事態を見守ると同時に、物陰で、息をひそめて成り行きをみつめているかのようなのだ。全能の神のこの奇妙な有限性に、デリダはつねに眩暈を覚えて来たことを告白する。

> 力強くもなすすべなき神のこの「試しに＝見るために」、この最初の、時間以前の、驚きへの、人と動物の間に起きようとしている出来事への、神の露呈の時間、時間以前のこの時間は、私につねに眩暈を引き起こしてきた。（……）私が裸なのをみつめる動物の前から逃げ出すとき、時間の生成＝有史以来、私が感じているのはこの眩暈なのである。神の眼の底の、このような「試しに＝見るために」の深淵に関して、私はしばしば自分に問う、あの眩暈は、私が猫の前で、面と向かって、自分がかくも裸なのを感じるとき、そして猫とまなざしが合い、猫あるいは神が、こう自分に問うのを、私に問うのを聞くときに私を捕える眩暈なのではないのかと。彼は呼ぶ〔appeler〕だろうか？　彼は私におのれを差し向けるだろうか？　彼は、この裸の人間＝男〔homme〕は、どのように私を命名する〔appeler〕だろうか、私が彼に女を与える前に？[9]（……）

創世記では人間の創造が二回語られる。一回目は創造の六日目、人間は最初から男女の対として創造され、そののちこの人間たちに動物の支配権が与えられる（一章二六―三〇節）。ところが、二章七節で、神はあらためて土（アダマ）から人（アダム）を創造する。そして、鳥獣命名のあの場面では、人（アダム）は、まだ、男（イシュ）独りである。命名の間際の時間、それは人＝男が独りであり、しかも人＝男と鳥獣の関係がいまだ決定していない未決の時間である。それは単に堕罪以前の時間であるばかりでなく、女（イシャー）の創造以前の時間、人＝男にとっての楽園以前の時間、人＝男と鳥獣の間の一切の支配＝被支配関係の確立以前の時間である。堕罪以後の、人が善悪とともに恥を知り、労苦と死に定められた後の地上的時間、このわれわれの時間を時間と呼ぶならば、それは時間以前の時間と呼ぶ以外にない時間である。デリダがここで繰り返し用いる「時間の生成＝有史以来」(depuis le temps) という表現にはそのような含意がある。しかし、すでにそのとき、動物たちは、この独りの人＝男を、裸の人＝男を、まだ恥を知らない、まだ言葉を発していない人＝男をみつめていたのである。「試しに＝見るために」……。

動物に裸を見られて恥じる「私」、その恥を恥じる「私」は誰かと「私」は自分に問う。それは堕罪以後の人間のように、善悪を知り、恥を知る者には違いないが、ひとたび動物を命名し従属させたのち、もはやそのまなざしを感じることがなくなった人間ではない。「私」が恥を恥じるのは、ほとんどすべての哲学者とともに、動物にみつめられていることを否認するため、そのことによってどこかで感じているはずの恥を否認するためではない。

> **堕罪以前の、恥以前の、恥の恥以前のある時間に自分を引き戻すことによってのみ、動物あるいは動物たちの前で裸の私は、それゆえ、自分の困惑に、あの恥じることに対する恥に、驚きえたのだった(10)。**

そのとき、人間をみつめていたのは動物たちおよび神であった。しかし、デリダが「猫あるいは神」と書くとき、彼は神の、第三者、普遍的証人、全能の、絶対的な監視者としての資格に異を唱え、それと同時に、人間の振る舞いを注視する動物たちのまなざしに、神のまなざしとされるものの「起源」のようなものを見ているように見える。そしてさらに、独りの人＝男がいまだ恥を知らないこの時間、ただ神だけが、物陰で成り行きをうかがいつつ、独り恥じている可能性さえ示唆しているように見える。そのとき、「私」が自分に発する問い、「試しに＝見るために」「私」が「私」に発する問いと、「猫あるいは神」が、やはり「試しに＝見るために」「私」に発する問いとは、もはや別のものではない。眩暈はそこから、この複数の、時間を分有しないまなざしの反射から生ずるのである。

一匹の猫のまなざしのもとで自分が裸なのを見られているのを見るときほど、隣のものあるいは近きもののあの絶対的他者性を、私に考えるべく与えるものは、断じて、何もないだろう。[11]

この場面から出発する他者の思考の広がりは、生きること、死ぬこと、話すこと、働くこと、存在すること、すなわち世界そのものと外延を同じくする。したがって、教えること、その思考、その実践にも、深刻な帰結を及ぼさずにいない。

師と弟子の関係と人間と動物の関係の間に、大人と子供の関係があるだろう。「コギトと狂気の歴史」でも、弟子の意識は子供のそれになぞらえられていた。『弔鐘』でも、「贈る言葉」(『絵葉書』)でも、『ヘーゲルの時代』など主題的に教育が論じられたテクストでも、子供は一貫してデリダの重要な問いであり続けた。「暴力と形而上学」は、レヴィナスの思想における言葉がまさに「対面と直立の可能性」であることを認めつつ、それが「劣位性を、父へと向かうまなざしの謙抑を排除しない」ことを指摘する。[12] それは、まだ自分が立って歩けなかった頃、話せなかった頃を記憶している子供の、神のように父を見上げるまなざしである。それは、弟子としての「自由」を享受しつつ、高みにある師の裸の顔を「仰ぐ」者のまなざしでもあるだろう。

しかし、立って歩くことも、話すこともできない幼児のまなざしは、歩けるように、話せるようになったのちの子供のそれよりも、人＝男をみつめる動物たちのまなざし、物理的な高低はさまざまな、だが、「仰ぐ」ように見上げることだけはけっしてしないまなざしにむしろ近いのではないだろうか？　翻って、師をみつめる弟子のまなざしにも、何かそのようなものが残ってはいないだろうか？　その前では師のほうが、自分の「高さ」を、「直立」を恥じざるをえないようなものが。「猫あるいは神」、幼児あるいは弟子……。

「コギトと狂気の歴史」や「暴力と形而上学」の時代、三十代前半のデリダは、いまだ師よりも弟子の立場から師弟関係の脱構築を図っていたように思われる。それに対し、六十七歳の大哲学者は、師の立場から、師として、自己脱構築でしかありえない、自己免疫的な、ほとんど自殺的な脱構築を試みた。そして、この場面は、奇妙にも、「最後の晩餐」に似ている。自分の裸を猫あるいは弟子に差し出しつつ、あたかも師は、「これは私の体である」と言っているかのようだ。というのも、この場面で裸は、体は、見るためだけでなく、同時に、食べるためにも与えられているからだ。動物のまなざしの前で、「見ること」は「食べること」から、〈誰か〉は〈何か〉から、もはや区別されるがままにならない。かつて『弔鐘』で詳細に論じられたように、哀悼の作業は、このとき、すでに始まっていたことになるだろう。

ただし、この場面を、デリダが、われわれに、見るために与えたとき、イエスよりもむしろアダムに、エヴァ以前の、言葉以前の、独りきりの、裸のアダムに自分をなぞらえたことは、見られること、食べられることの受動性を、なんらかの言語行為（「これは私の体である」）によって、究極の、神的な能動性に転化する可能性を自分に禁じたことを意味する。「動物に対する私の情熱＝動物による私の受難」（*ma* passion *de* l'animal）と彼が書くとき、彼はこの場面がイエスの受難と無縁でないことを示唆しつつ、同時に、この経験の絶対的な受動性 passivité を強調する。彼と猫の空間は、彼と弟子たちの空間は、イエスと弟子たちの兄弟愛の空間ではない。

動物が登場するときに兄弟たちの兄弟愛に何が起きるのかを、われわれは、避け難く、自分（たち）に問わなくてはならないだろう(13)。

時間も、言葉も分有しない動物のまなざしに、私は私の裸を、体を、先に差し出すことはできない。私が見られていることを見る前に、つねに、すでに、動物が私を見ている。そのとき、すべてが起こりうる、私は黙示録に備える子供のようである、私は黙示録そのものである〔私は黙示録自体を追う Je suis l'apocalypse même〕、すなわち、最終にして最初の終わりの出来事、露呈にして審判である〔＝を追う〕。私はそれである〔＝を追う〕、私は黙示録に同一化する、その後を走りつつ、それを、動物＝生についてそれが語ること〔その動物学 sa zoo-logie〕のすべてを追いかけつつ。(14)

このテクストでデリダは、その表題（«L'animal que donc je suis»）からすでに、フランス語の je suis という文の二重の意味に訴える。動詞 suis は、同時に、存在の動詞 être および「後に続く」「追う」などを意味する動詞 suivre の一人称単数現在形である。人間は動物の後に来る。人間が来るとき、すでにそれをみつめる動物のまなざしがある。人間が「ある」とは、動物の「後にある」ことである。創世記を参照しなくても、どんな文化に属する人間も、そのことを否定することはできない。しかしまた、人間は動物を「追う」。「追いかける」、「追い回す」、「追い払う」。他なる動物と同時に、自分がそれ「である」動物もまた。

言い換えれば、自分がそれ「である」動物に、私はけっして「追いつく」ことができない。問いのように、「追求する」こと、「追い求める」ことしかできない。動物、それはけっして私の現在であったことのない過去、けっして到来することのない将来である。それでいていつでも到来しうるもの、私の不意を襲うもの、〈何か〉なのか〈誰か〉なのか、知ることさえできない〈事〉である。なぜなら、命名の間際、鳥獣が人をみつめるあの時間、時間以前の、神でさえ起こるべきことを知らないあの時間、人が――子供が――話すために口を開き、鳥獣に命名するとともに、世界の意味がただちに顕われ、審判が下り、終わりが、黙示録的出来事が訪れても、聖書に書かれたすべてが起こらなかったことになったとしても、何も不思議ではないのだから。そして、あの時間は任意の〈いま〉でもあり、デリダの家の浴室である日起きたこと、毎朝起きていることとして彼がわれわれに告げた出来事は、つねに動物に囲まれている、みつめられている、われわれの生のあらゆる瞬間でもあるのだから。

有史以来の動物の問いは、かくして、つねに、生まれたばかりの、裸の問いである。「追う」ことと「問う」ことが別のことではないとすれば、動物の問いは問いの問いであり、問いの〈彼方〉に開かれた問いである。師の「後に来る」こと、師に「付き従う」こと、師を「追う」こと、「追いかけ」、「追い回し」、そして、やがて、「追い払う」ことなく弟子「である」ことはできないとすれば、師という「動物」が、巨大なユーモアと、そして否認不可能なあるエロスとともに、自伝的物語によって、おのれの生の痕跡によって、「追う」こと、「問う」ことの〈彼方〉に弟子を導こう、あるいはむしろさまよわせようとするとき、師はなお師のまま、弟子は弟子のままなのだろうか？　それとも何か別のもの、別のことが、すでに、始まっているのだろうか？

教育者としてのデリダの力は並外れていた。いまでも信じられないほどに。何回か機会があった彼の前での発表のおり、いつも私は、なにより彼の注意力に驚嘆した。引用箇所にタイプミスで小さな文が一つ脱落していても彼は見逃さなかった。テクストが手元になくても、ただ一つの形容詞も聞き逃さなかった。そして、質問あるいは論評の言葉の一つ一つが、人生最高の贈りものと思われるほど、正確で、深く、やさしかった。そのことに、どんな誇張もなく、私は限りない感謝を抱いている。

一人の師に何も負わないことは可能だろうか、「沈黙」あるいは「つぶやき」のうちにそう言明しつつ？　賛嘆の的である師に？(15)

彼の同僚であり、友であり、サンスクリット文献学の師でもあるシャルル・マラムードに捧げた美しいオマージュ、「残余――師、あるいは無限の代補」（二〇〇二）の冒頭、食べること、火にかけること、供犠、負債、そして残余をめぐる繊細な考察の始めに、デリダはこの問いを置いた。「コギトと狂気の歴史」のときと同じように、師の不在を彼は言おうとしたのだろうか？　それともまったく別のことを？　もう一回弟子として語りつつ、ここでデリダは夢見ているようだ、師と弟子の間にある種の沈黙が訪れることを。権威、負債に押しひしがれた沈黙ではなく、彼が引く銘句のなかでマラムードが「ユートピア」として描く、「軽やかな、あるいは厳粛だけれども重くない沈黙、言葉に息をさせるための沈黙」、「無限の残余」であるような沈黙を。

デリダと私の、われわれの間に、そのような沈黙が訪れたことがなかったと、どうして言えるだろう？　そのような沈黙を、しかし、どんな言葉が証言できるだろう？

盲者のオリエント

隠岐にゆく波が、あんなに自由にみえるのは、波が島にとどかなくてよいと思っているからではないのか。[1]

吉増剛造

『盲者の記憶』はジャック・デリダの仕事のうちでも特別な作品である。それはルーヴル美術館グラフィックアート部の学芸員たちの求めに応えて書かれた。彼らは『偏見／決意 Parti pris』と名づけられた一連の展覧会の最初の発言者としてこの哲学者を選んだのだが、この企画のアイデアとは、「展覧会の意図とそれを裏付けるルーヴルの収蔵品を主とした素描の選択を、批評的言説への適性によって名高い人物に委ねること[2]」であった。この美術館の固有名が、作者の歩みをすでに方向づけることになるだろう。というのは、初めての会合の帰途、車を運転しつつ、彼は、その寄与の最初の構想を彼に与えることになるこんな逆説的な言葉を見つけ、書きつけたのだから。«L'ouvre où ne pas voir»（*MA*, 38/41）

この言葉は、少なくとも三つの可能な仕方で解読しうるだろう。通常ルーヴル Louvre にはひとは見るためにやって来るのだが、この展覧会はその反対を、すなわちそこ où が、ある種の見ない ne pas voir 仕方を学ぶべき場所、ある盲目の試練に身を晒すべき場所であることを証明するという挑発的な野心を持つ。そして、ハイデガーとともに、芸術作品 œuvre が世界を開く ouvre ことを認めるにしても、この開きは世界をただ見るべく与えるのではなく、見えないもののある種の経験もまた、そこでは還元不可能であるだろう。最後に、ouvre は動詞(ouvrir) の命令形であり、名詞的なものと動詞的なものの間で決定不可能なこの連辞は、どんな素描の挙措にも先立つ命令をも意味しうる。その挙措は開かなくてはならない、言い換えればある道を開通しなくてはならない、素描画家が見ない場所に。

他方、『盲者の記憶』は「割礼告白」の姉妹的作品でもある。ほとんど同時期のこの二つのテクストの共通の参照枠は、「一年前から寝たきりの、生と死の間で生き永らえ生を超えていた母」、「あの嗜眠状態の沈黙の壁に塗りこめられ」(*MA*, 44/50) ていた作者の母の長い臨終であった。ここでは、それゆえ、「自伝的」諸要素が哲学的かつ美学的考察に、また絵画の読解に解き難く混入し、一つ一つの言表を超過規定しに来るのである。ここにはいかなる命題定立《テーズ》もない、そしてこのテクストが、仮設《イポテーズ》の論理のうちにとどまっていることを、デリダの他の著作にもましてこれ見よがしに示しているのは偶然ではない。

あるいはむしろ、諸仮設の、二つの仮設の論理と言ったほうがいいだろう。この二つの仮設の第一のものに与えられた定式は、「素描は盲目である」というものである。第二の仮設に与えられた定式は、「盲者の〔＝盲者を描いた〕素描は、盲者の〔＝盲者が描いた〕素描である」というものである。これら二つの仮設は、この語のギリシャ語の起源が示すように、「足の下に」「前もって敷かれてあるもの、前提されるもの」ではなく、「二本のアンテナのように、二人の斥候のように、さまよいのなかで私の進路を方向づけるため」、「私の前方に」「派遣され」るものであり、「いずれ交差するだろう」が、「たがいに確証し合うことはけっしてない」のである。

第一の仮設が想定するのは、素描の行為は、目による知覚から手による挙措へと、宿命的な中断、記憶によって代補された間隙なしに向かうのではないということである。その場合、ある種の非‐知覚が、ある種の非‐力能が、すなわち盲目が、素描の行為にとって構成的であることになるだろう。第二の仮設のほうは何を意味するかというと、一人ないし数人の盲者を描くどんな素描も、一人の盲者によって制作された素描だということであり、それが素描画家の、ある種の自画像であることが示唆されている。

これら二つの仮設は、続いて「二つの大『論理』」として示される素描の思考を求めるのだが、この「二つの大『論理』」はそれぞれ、「超越論的盲目」および「供犠的盲目」と名づけられる。「超越論的盲目」とは素描の可能性の条件の思考であり、どちらかと言えば第一の仮設から出発するように思われる。それに対し「供犠的盲目」とは盲目という出来事の思考であり、諸々の絵画とテクストの渉猟を通して、第二の仮設を「検証する」ことを任務とする。だが同時に、これら二つの仮設に導かれた作者の歩みにはある種の不安が連れ添っている、なぜなら、「〔超越論的および供犠的な〕この二つの盲目のうち、一方が他方を急きたて、前のめりにさせていないかどうか」が、見定めるべきこととしてつねに残るからである。

この非-方法的な注意深さが、いくつかの秘密の打ち明けを要請するのである。「自伝的」諸要素がそこに混入するのは単に思考の道筋を混乱させるためではなく、思考を個人的動機に還元するためでもない。反対に、デリダに固有の「真理」への気遣いが、彼を苦しめ、あるいは彼に拷問を加えつつ、このような思考のうちで哲学的省察と「自伝的」反省が、たがいに呼び求め合い、想像しうる限りもっとも苛酷な交渉を通して、平和を見出そうとするようなテクスト実践を命ずるのである。そしてそれは同時に、少なくともアリストテレス以来覇権的であり続けているいくつかの哲学的規範、ある種の哲学者像を問い直す一つの仕方でもある。その意味で、『盲者の記憶』は、「割礼告白」とともに、脱構築という名で知られる企ての頂点に位置しているのである。

『盲者の記憶』のエクリチュールは、こうして、宗教的、哲学的ないし文学的でもありうる数多くの文化的参照を通してある道を切り開いてゆく。それらのうちで、われわれが、ここで、トビト書に白羽の矢を立てるのは、第一にそれが、「老いた男（たち）」〔vieux 日常表現ではこの言葉は「父」を意味しうる〕と「目たち」〔yeux〕の夢と名づけられたある夢の記述の間近で引用され、長く論じられるからである。この夢は、この「対話」体のテクストの対話者の一人（以後彼を作者と区別して「『夢』の報告者」と呼ぼう）に、彼自身の証言によると、七月十六日の夜に訪れたのであり、それは「割礼告白」にも報告され、のちに見るように強調点を変えて論じられている。トビト書は、より正確に言うと、すべて盲目をめぐる聖書の物語の一連の想起の最後に、しかしとりわけ、アブラハム、イサク、エリ、そしてトビトという、息子（たち）を心配する父を中心的形象に持つ四つの物語の最後にやって来る。

この最後という位置が、『盲者の記憶』の少なくともこの契機における、この書の二重の特権を示しているように思われる。一方でこの書は、その民衆的性格ゆえに、聖書本体への帰属が疑問視されてきた。すなわちこの書は、七十人訳聖書のギリシャ語によってのみ伝承されてきた外典と言われるテクストに属しているのである。しかしまた、この書には、ユダヤ教の重要な儀礼、とりわけ割礼への言及が見当たらない――見当たらないから不在ということにはならないのであるが。こうしたことが合わさって、この書は、古代ユダヤ教と初期キリスト教のある種の合間に位置づけられることになる。

レンブラント（作とされる）「父の視力を回復するトビヤ」（ルーブル美術館所蔵）

しかし、他方ではまた、トビトは彼の盲目の起源を、ほとんど自伝的文体で語りもする。そしてそのことが、彼の立場を、「夢」の報告者の立場に近づける。

（……）彼〔トビト〕の名を冠した書では、そして口から口へと伝えられる語りのさなかには、トビトはまず自分で、一人称で話す。おのれ自身の失明の物語を詳述しつつ、彼は自己を自己に語る。自画像を描き、おのれをおのれに関係づけて語る。彼の盲目は、この場合、自然的な原因でふりかかったのではない。本当のことを言えば、それを彼は原因不明の罰として解釈する。（……）（*MA*, 30/28-30）

平行関係は、とはいえ、完全ではない。というのも、「夢」では、盲目であるのは一見「私」ではなく、決闘している「老いた男＝父たち」であり、その一人が、続いて、驚くべき敏捷さで「私」を攻撃し出すのだ。そして最後には、「私」に対してばかりでなく、「私の息子たち」に対しても脅威が感じられる。のちに示唆されるところでは、この「夢は二つの世代に分かれている」のだが、それは*Ja*（cob）で始まり（Isa）*ac*で終わる、Jacquesという固有名の構造の賜物なのである（*MA*, 100/115-118）。しかし、まず、この夢にはらまれている情動の性質に関心を寄せることにしよう。

この「夢」の日付が明確にされていることはけっして瑣末なことではない。そもそも報告者自身、トビト書に関する展開を締めくくるに当たり、いくつかの日付を想起するべきか否か自問している。「夢」の報告者は、例えば、彼が顔面麻痺に苦しんでいたのは七月十六日——この日付は、このテクストの署名者の誕生日の翌日に当たる——に先立つ数週であることをわれわれに告げる。回復——ある種の「回心」ないし「復活」——は十一日に訪れたが、彼の「顔は、なお、顔面変形の亡霊に取り憑かれて」いた。（*MA*, 38/41）

この「夢」は、そうすると、時間の二重の総合を行っていることになるだろう。一方で、三つの世代の総合を、他方で、ある個人の、最近の過去、現在および将来の、個人的出来事の数々の総合を。不安は見るからに支配的な情動である。通過したばかりの悪は回帰しうる、より悪い形で反復しうる。「二〇〇一年九月十一日」ののちにデリダが指摘したように、トラウマは「現実に起きた事柄によって産出された傷害効果」である以上に、「より悪い、そして来たるべき脅威に対する、否認不可能な恐れ(3)」のうちにある。

しかし、恐怖、不安、畏怖といったこの知覚可能な否定的情動から出発して、『盲者の記憶』は別の方向に、みずからの、またわれわれの歩みを方向づける。トビト書は、まさに、この方向を示しに来るのである。息子は無事に戻るだろう、そして父に視力を返還するだろう。父の二重の喜び。彼はいまや見ることができる、それもまず、とりわけ彼の息子を。そのとき、息子は父に視力を返還するだけでなく、おのれを彼に、その視力そのものとして、見るべく与えるのでもある限りで、ある過たざる交換のシステムが、この場面では働いているのではないかという仮設が出てこよう。そしてこの父は「最後にして最低限の義務」の人、すなわち、共同体の死者たちを、ときには法に触れながらも、彼らに相応しい最後にして最低限の尊敬を返還しつつ埋葬する義務を果たすことを信条とする人である。

この父が罰を受けているという気持ちを抱くのは、むろんニネヴェでの捕囚においてユダヤ共同体に異邦の王によって課された法を尊重しなかったからではなく、彼にも不明の理由からであるが、彼の視力の回復は、すると、次のいずれかを意味することになるだろう。不当な非難が晴らされたか、あるいは、彼がそれと知らずに犯した罪から救われたか。そして、「夢」がトビト書の前半とある罪の感情を共有しているとしても、それは同じく、不安の彼方あるいはさなかに、ある別の、より知覚しにくい情動を含んでもいるのである。この情動は、おそらく、ある種の期待であるだろう。終に迫害を逃れることへの、おのれに正義が返還されることへの期待であるだろう。事態が明らかになるように、光が照らすようにという願いであるだろう。

この父の願いが息子によって満たされるというわけだ、彼と同じほど真っ直ぐな、彼と同じほど正しい息子、完璧な親孝行の実を示すために戻ってくる息子によって。調和は再建されるだろう。計算は正しいだろう。親子の絆は確認されるだろう、強化されさえするだろう。この展望は、しかしながら、「夢」も、またトビト書も、残りなく説明はしない。この後者における二つの形象は、同時に親子的、人間的かつ男性的なこの図式をはみ出す。一方では天使ラファエルの援助と証言が、さもなければほとんど宗教的と言えないこの物語を、聖書の大きな本体に結びつける。他方では、トビトの妻でありトビヤの母であるアンナが、無視しえない仕方で、息子の出発を泣き悲しむことによって介入する。天使と母は、こうして、『盲者の記憶』の二つの主要なモチーフを予告し予示するのである。その可視性が「幻」にとどまる天使は、視覚の核心の不可視性をいわば体現している。のちに最後期のメルロ＝ポンティから出発して思考されることになるこの不可視性は、「よそに現前している、潜伏中の、想像的な、無意識の、隠された、過ぎ去った現象」にもはや還元されるがままにならないだろう（*MA*, 57/66）。だからこそ、次の問いに対する答えは単なる肯定ではないのである。

トビトは彼の息子のうちに、自分の見る能力の起源そのものを見たようには思えないだろうか？　そうとも言えるし、そうではないとも言える。トビトに視力を回復し返還してくれたのは、実際には、ついに見えるようになったその息子ではない。彼の後ろには天使がいる。（……）この彼、天使がついに姿を現すのは、身体なき存在とは言わないまでも、

肉の欲望なき存在としてである。それは感覚的可視性の模像である。（*MA*, 35/35）

泣き悲しむ母についてはどうかと言えば、彼女は遠くから、ほとんど最後の問いを準備する。それは実際には二重の問い、最初から予告されていた、しかし意図的に遅らされていた問い、涙の本質と、ここで「われわれの文化」と呼ばれるものに、多数の「泣く女」が存在していることの理由とに、同時にかかわる問いである。しかし、トビト書はまさに、この性格の特徴を、母あるいは他の女性の登場人物にもっぱら割り振ることをしないという特別な性格を持ち、その点で例外をなしている。父トビトも泣くのである。彼の同胞の一人が殺されるのを見て彼は涙を流す。自分に視力が返還されたのを見たとき彼が泣き崩れるのはたしかに喜びのためであり、それに対して母の涙は苦悩あるいは悲哀の表現である限りで彼女の信仰の弱さを暴露するように見えるが、「夢」の報告者は、泣く場面の違いによる性差よりも、このカップルの間での涙の分有のほうを強調している。

ところで、「目たち」と「老いた男たち」の「夢」には天使も母も現れず、この夢のあらゆるポジションは一見、人間たち＝男たちによって占められているかに見える。このことは、ここでは、天使と母は見るべきものであるより聞くべきものにとどまっているということを意味する。もっともそれは、見ると聞くという二つの行為が含み合うことなく、たがいに完全に排除し合うと仮定したうえでのことであるが。だが、まさしくそれこそは、『盲者の記憶』が、もろもろの絵画作品を支えに、あらゆる議論をそれに反対して動員するところの命題定立にほかならない。

それでは、見えるものから言えることに翻訳されたのち、この「夢」がどのような言葉で報告されたかを検討することにしよう。

……取っ組み合い〔prises〕をしている盲者たちの決闘、老いた男のうちの一人がこちらを振り向き、私を攻撃してくる〔s'en prendre à moi〕。通りがかりにすぎない哀れな私を責めたてる〔prendre à partie〕。男は私を責め苛み恫喝する。それから私は彼とともに地面に倒れる。男が私を捕まえる捕まえ方があまりに敏捷なので、とうとう私は、この男は少なくとも片目は見えるのではないか、キュクロプス（隻眼あるいは僻眼、どちらだったかはもう分からない）のように、薄目を開けてじっと見ているのではないかと思うようになる。男はつぎつぎにタックル〔prise〕をかけては私をもてあそび、そしてついに武器を持ち出す。無防備な私、私の息子たちに危険が迫る……（*MA*, 23/21）

一読して、動詞 prendre とそれから派生する語が繰り返し回帰することが目につく。「割礼告白」では、語り手は、この夢の素材となったらしい「白昼の残滓」を明かしている。それは、「そのなかに理論がある」作品を論難するプルースト Proust の文に対する憤慨であった。《pri》という音綴は同様に「祈る」prier という動詞を引き寄せるが、この挙措は先にわれわれが示唆した期待という情動と無関係ではない。しかし、あの老人たちの一人の攻撃が、息子たちに割礼を施さないという語り手の決断と何か関係があるということも示唆されている。(4) この夢では、それゆえ、語り手が体現する「ユダヤ教のある種の終焉」が問題なのである。

『盲者の記憶』の「夢」の報告者のほうは、この夢の、より見えがたいもう一つのテクスト性のレベルに定位しているが、「固有語法的な糸の数々は、「彼」自身にも明確ではなく、到底数え上げることはできない」以上、「どんな直接的解釈も提示」する意図はないこともあらかじめ告げている。しかしここでは、素描についての本のなかでは、この数行が、素描とエクリチュールの間のどこに位置しているかを問うことから始めなくてはなるまい。『盲者の記憶』が、その展開の別の契機において、素描とエクリチュールの決闘としてみずからを提示するとしても、この「決闘」duel という言葉そのものはここで初めて登場するのであり、そしてその意味は、ここでは、一義的どころではない。夜の闇のなかで、「夢」が消え失せる前に、これらの語が書きつけられたときの速さは、ボードレールが「記憶の芸術」で強調する、素描画家の挙措の速さと比較しうる性質のものではないだろうか？　ボードレールも、「すべてを見ようとし何物も忘れまいとする意志と、総体の色やシルエット、輪郭のアラベスク模様を活潑に吸収する習慣のついている記憶の能力との間」の緊張を記述するとき、はからずもduelという言葉を使っている。（*MA*, 51/60）

ここでわれわれは、この「夢」の語りを、素描を眺めるように読むことを、そしてそこに、天使と母という、トビト書のあの二つの余剰の形象を探し求めに行くことを許されている、そうするよう招かれてさえいるだろう、次のような指示に従いつつ。「これらの音綴のざわめきは、あらかじめ、素描のなかに湧き起こりにくるからだ。語たちの切れ端は素描に寄生する。そしてこの取り憑きを知覚するためには、目を閉じて、言説の幽霊たちに身を委ねなくてはならない。」（*MA*, 44/50）「これらの音綴」、これらの「語たちの切れ端」とは、まず目にかかわる二つの対、「目（単数）」／「祖先」«œil»/«aïeul» および「目（複数）」／「老いた男（たち）」«yeux»/«vieux» であろうが、また別の系列が、«duel» という中継する語から派生して、「神々」«dieux»、「二」«deux»、「喪」«deuil» などを聞くにまかせる。そして「父」père はどうかと言えば、それは「対」«paire»、「失う」«perd»（動詞 perdre）、「蒼い」（目の色）«pers»、「刺すような」（視線の性質を表す形容詞）«perçant»、「ペルセウス」«Persée» などの間に散種されていく。

母の場所は «duel» の側に、«du «elle»» として探し求めなくてはならないだろう。しかし、部分冠詞で始まるこの突飛な連辞、«duel» と «deuil» の間で形成される、«dû «il»»、«dû/elle»、«dû/île» といったそれに劣らず突飛な他の連辞から分離されるがままにならないこの連辞が示唆しているのは、この「夢＝素描」には、一人の母の確かな場所〔*la* place d'*une* mère〕はないということではないだろうか？「彼女」elle は数えられないのだ、まず、«du «elle»» は «du «il»» と別のものではないがゆえに。しかし、それでもなお、「彼女」に対するある種の負債が還元不可能であることに変わりはない。«dû/elle» が想起させに来るのはそのことであるように思われる。

そのとき、まさしく「彼」«il» と「彼女」«elle» の間 entre に、ある「島」«île» が、垣間見え entrevoir 始める。「彼」«il» と「島」«île» の間の差異はもはや、あるいはほとんどもはや聞こえない。ただ見えるだけであり、『弔鐘』における «genet» と «genêt» の間の差異と同じほどわずかである。『弔鐘』では、ジャン・ジュネ Jean Genet の文学における、動物（«genet» はスペインの仔馬である）の側と花（«genêt» はエニシダである）の側の双方向への疾走が問題であったが、やはり『弔鐘』におけると同様『盲者の記憶』でもまた、«du «elle»» はその身体に «el (le)» を含むすべて、例えば Rapha*el*, Gabri*elle* へと広がっていく限りで天使は母と混合するのである。そもそもわれわれの「夢＝素描」、目を閉じて「見られた」「素描」の、原型ないし祖型ではないとしてもその図式が、夜の闇のなかで起きたがゆえに原則としてはどんな視覚的表象の機縁ともならないはずの、ヤコブが主役である天使との闘い（創世記三二章二三―三二）というあの偉大な形象なき形象であることは見やすいのである。

遺棄され、孤独であり、それでいてたえず波に悩まされ、舐められている島、それはある特別な場所であり、「夢」のなかの「私」のように、攻撃に対し無防備である。それでも、この「夢」が、精神分析の古典的理論通りにある欲望の実現であるとすれば、そしてこの欲望が、まさしく、おのれが盲者であることを見ることであるとすれば、この「夢」は、そのもっとも固い結び目の一つを、この「島」の場所に、あるいはその周囲に形成していることになるだろう。ひときわ感動的なある場面で、偉大な天使の詩人でもあるリルケのある詩を通して、ある盲目の女性が、おのれを「島」であると言う。

あれ以降、私は一度たりと素描したことはなかった、試みたことさえ。たった一度、去年の冬――そして私は、この災厄の記録をまだ保持している――、病院のベッドの脇で母を見守っていて、その横顔を素描したいという欲望が、そして誘惑が、私に到来した時のほかは。一年前から寝たきりの、生と死の間で生き永らえ生を超えていた母は、あの嗜眠状態の沈黙の壁に塗り込められ、もはや私が誰かわからなかった。そして彼女の目には、白内障のため、ヴェールがかかっていた。母にどれ位ものが見えるのか、どんな影が彼女の前を通っているのか、それに、自分が死んでいくことを見ているのか、つまりわかっているのか、これらのことについて、われわれは仮設をたてることしかできなかった。(母について、彼女は「壁に塗り込められている」と、私は自然に言ったのだろうか? 盲目のレトリックと呼んでよいものにおいて、これは典型的な文彩の一つである。リルケの盲者は (die Blinde これは女である。フランス語の文において *«l'aveugle»* という表現は、盲者が男か女かを区別できない)、「壁に塗り込められた私の目」(*vermauerten Augen*) と言う。(……) 盲者の幽閉は、だから、いく重もの固い壁の背後に彼を隔離することができる。そのとき彼は、手あるいは爪で、この壁に働きかけなくてはならない。しかし、隔離の深淵は液状でもありうる。目の実質のように、もはやおのれのほかは何も見ない、おのれの周りのものは何も見ないナルシスの水のように。そのとき鏡像的隔離はイマージュというものの島的性格を、あるいはさらに、盲者の「遺棄」と彼(女)の服喪のなかの孤独を反照するため、島のイマージュを呼び求める。「私は島」と彼女は言う。「盲目の女」(die Blinde)。「私はあらゆるものから打ち捨てられている。——/私は島。」そして、海からやって来た異邦人に言う、「私は島、そして独り」と。しかし、この孤独は「豊饒」である。それは隔離しない、あるいは、何も「剝奪」しない、なぜなら、「あらゆる色彩は音と香りに (*in Geräusch und Geruch*) に翻訳される (*übersetzt*)」のだから。(*MA*,

44–45/50–52）

イマージュの島嶼性と島のイマージュ。島とは、すなわち、イマージュのイマージュ、鏡像の鏡像であることになるだろう。それは準‐超越論的なイマージュであり、示され分析される絵画のなかにそれがそれとして現れることがないのは、まさしく、それが天使のように、これらの絵画のあらゆるイマージュに、とりわけ盲者たちのそれに連れ添っているからである。

しかし、島はまた、『盲者の記憶』の一つの仮設の限界を印すイマージュでもある。それはわれわれが先に触れた二つの主要な仮設の後に来るもう一つの仮設であるが、とはいえ第三の仮設ではなく、代補的仮設をなすものである。この仮設によれば、「われわれの文化の輝かしい盲者たちはほとんどつねに男、『偉大な盲夫』であり、まるで女のほうは、けっして視力を危険にさらさずに見るとでもいうよう（……）」なのだ。だが、リルケの女と母とはこの盲者の行進に参加するただ二人の女であるからには、彼女たちが合図しているのは「われわれの文化」の外のある場所、ある絶対的なよそであるような島、ヨーロッパの自己表象的形態である尖端的岬 cap の他者なのではないだろうか？

『盲者の記憶』の迷宮的な画廊のさらに奥へと入り込みこの問いにある単純な回答をもたらそうと試みる代わりに、われわれはここでそれとは別の道を取ることにする。それはより直接的に政治的な道になるだろう。島のこのイマージュは、主権的たらんとするある国民のイマージュでもないだろうか、主権的たらんとするがために定義上盲目である国民の？　おのれの過去の少なくとも一部に盲目であることなしには、国民というものは、みずからを主体として構成することは出来ないだろう。そしてそれはまた、はっきり確定された、さらには人格化されたある種のイマージュに、フランスの場合であれば六角形に同一化しようとする傾向を持つ。

幾何学的形象に同一化した国民のもう一つの事例を提供しうるのは日本であろう。この国の国旗と呼ばれているものがその固有名の図像化であることは知られているが、〈昇りゆく太陽〉le Soleil levant という翻訳は正確ではない。「日本」とは、より正確には、太陽が出る地点、すなわち絶対的オリエントを意味する。歴史家の網野善彦はこの名を「分裂症的」と形容したことがあるが、それは、日の出の地点におのれを見るためには、他者の視点に身を置くほかにないからである。このように、隋王朝のある皇帝に宛てられた七世紀初めの書簡に遡るこの〈自己による他者中心的命名〉のとき以来、二つの中国文字で構成された日本の固有名は、中国にほかならない他者の痕跡を保持している。日の丸（太陽の円）と呼ばれるあの旗が日本人の間で博している人気は、その自己中心化された形象が、彼らに、自己のうちなる他者の存在を、彼らの同一性の核にある自己に対する隔たりを、見ないことを可能にするということによって説明される。この旗の中心の赤い円、それは、一言で言えば、島となった太陽であり、この図像的自己表象は、その通貨の名（円）に至るまで円の形象に取り憑かれたこの国民の盲目性の、特殊な様態について何ごとかを語っているのである。このことは、その主権の構造と機能の仕方に、いくつかの帰結をもたらさずにはいないだろう[5]。

ここでわれわれは、『盲者の記憶』のなかで「われわれの文化」と呼ばれているものの外にいるのだろうか、それとも反対に、依然そのなかにいるのだろうか？　この「われわれの文化」の輪郭とはどんなものなのか？　それをその外部と分かつ境界はどこを通っているのか？一方ではオクシデントとオリエントの対立に関して、そして他方では、これはまったく別のことだが、一神教圏とその複数の他者との区別に関して？

ジャック・デリダの哲学的挙措は、今日、彼の文化の限界を、それがどれほど広大にせよ、普遍的真理への権利要求をすすんで放棄することによって認めるばかりか、また、そしてとりわけ、それもその経歴の最初から、彼が盲者として思考する仕方を、もはや見ていない場所で思考する仕方を、知の限界で思考する仕方を発明しようとしてきた点で範例的である。

この観点からは、とりわけここでそうであるように非一神教的オリエントが問題となる場合には、彼がインドに向けてきた一貫した関心は、どれほど周縁的に見えるとしても、けっして無視することはできない。『弔鐘』において、「ヨーロッパでも中国でもない[6]」インドが、すでに本質的な場所を占めていた。『弔鐘』がその一つの読解を提出するヘーゲルの『精神現象学』

におけるインドは、花の宗教から動物の宗教への、無罪性から有罪性への、一つの契機を構成さえしない純粋な移行の場である。この移行に先立つのは、ペルシャからインドへの移行である。ペルシャは、自然宗教の第一の契機である光の宗教を代表する。それは万物を焼き尽くす火に対する崇拝であり、そしてこの資格において、贈与と反対贈与のどんな円環ともまったく無縁である。にもかかわらず、そこで、この「絶対的オリエント」で、すべては回り始めるのだ。

自然宗教のこの第一の形象は、形象の不在を、純粋に可視的な、すなわち不可視的な太陽を形象化する。それはみずから現れることなく見るべく与える、あるいは、何も現すことなくみずからを現す、その現象において万物を焼尽しつつ。没形象性の形象 die Gestalt der Gestaltlosigkeit。この形象は「万物を含みかつ満たす純粋な光の本質」であり、日の出あるいはオリエントの本質(Lichtwesen des Aufgangs)である。何もまだそこにおのれを現さないまま、オリエントはここでその純粋な他在へと、闇あるいは絶対的オクシデント性へと直接に移行する。(7)

花の宗教はこのオリエントのオクシデント化の、太陽の回転の始まりの直後に続き、光の最初の内化を、太陽の最初の取り込みを実現する。光はもはや外から来るのではなく、色として、花の内側から出てくる。盲目性についてのある種の思考が不在ではないこの本で、花の宗教は盲目性の主題系と関係づけられてはいない。それはおそらく、花々はもともと持たない目を失うことができないからだろう。「この自己なき自己の形象」は目なき生であり、花々は、光と別の関係を持つことによって、一切の交換の、一切の得失計算の、有罪性と和解の一切の弁証法の手前に身を持しているということなのだろう。

とはいえ、ジュネについての向かいの欄の、その直後の頁に、動物の宗教へと一挙に移行する花の宗教と同じほど素早く、ある島の影が、一瞬垣間みられるのは偶然だろうか？　この件《くだり》で問題となるのは、『泥棒日記』で男性異装者が女服を脱ぎ捨てに行く場所である。

彼（男性異装者 travesti）は陸から海へ、海〔＝母 mère〕にその服を返しに行くのではない。彼はすでに海の中にいる、彼女に包囲されて investi いる、縁を、どこからも、あるいはほとんどどこからも浸食された島のように。

ほとんど Presque。異装の理想の場所は、もちろん、〈ほとんど島であるところ presqu'île〉である。

半島 Péninsule である。

大洋のただなかに独り侵入する陸の舌 langue の上で、彼はほとんど女になる。潟 lagune の裏、あるいは別の版(8)。

半島が「異装の理想の場所」だとすれば、島とはどのような場所でありうるのだろう? 島に渡ること、島を目指して海を越えることは何を意味するのだろう? われわれはここでは、そこ、「オクシデントの陸の果て」で、『泥棒日記』の語り手は「オリエントの総合」を得たということを想起し、そして、『弔鐘』におけるこの島の蜃気楼と、『盲者の記憶』における盲目の女性の自画像としての島の形象の間に、遠く晦冥なものにせよ、ある関係を想定することで、一つの問いの場所を位置づけるだけにしておこう。

主としてイスラーム圏である一神教的オリエントにおける盲者の地位は、キリスト教オクシデントのそれとはすでにかなり異なっている。イスラームに多くの盲目の説教師、イマーム、学者、政治家、法学者がいることはよく知られている。しかし、ムスリム社会における盲者たちのこの非常に目立つ存在は、『盲者の記憶』の仮設に反しない。盲者がこの社会で受けている尊敬は、男はその外的な身体的視力の喪失を代価として内的な霊的「視力」を獲得しうるというあの論理に統合されうるからである。同様の用心は、非一神教的オリエントにおける盲者の状況に関心を寄せる場合にも必要になる。

十三世紀初頭以来、日本では若干の盲目の僧侶が琵琶法師として知られるようになった。『平家物語』はある武士の一族の栄枯を物語る仏教的色彩の濃い叙事詩だが、彼らはそこから取られた物語を、マンドリンに似た弦楽器である琵琶を奏でつつ吟唱したのである。戦国時代に彼らは武将たちの大きな愛顧を受け、とても高い社会的地位を得た。そのとき彼らは固有の位階制を持つ組織（「当道座」）を形成し、それは人類史上おそらくもっとも活動的な盲者の共同体の一つとなった。(9) まもなくこの組織は、楽士である盲僧以外の職業、例えば按摩師も統合していく。しかし、盲目の女性の名が初めて史料に現れるのはようやく十五世紀、天皇家の一員の日記のなかであった。盲目の女性楽士の姿は、とはいえ、長く人々を魅惑し、幾多の文学作品を生み出すことになる。

徳川時代、盲者の特権は依然尊重され、増大さえした。この時代には塙保己一のような盲目の大学者も現れた。しかし、明治維新とともに、彼らはあらゆる特権を一夜にして失ってしまう。そのとき、近代化された社会で完全な市民として承認されることを求めて、盲者たちは長い社会的闘いを開始する。そして、この闘いのなかでは仏教に代わってキリスト教が重要な役割を果たすことになる。(10)

日本における盲者の状況の、このあまりに短い物語を、この国の盲者を仏教に結びつける歴史的絆にとって象徴的なある出来事を想起することで終えることにしよう。八世紀に中国の偉大な僧鑑真が、僧院の戒律改革のために日本に招請された。しかし彼は、列島の岸辺に、六度もの渡海の試みの果てにしかたどり着くことができなかった。そして、大陸から列島へのこの渡航のために、彼は視力を失ったのである。日本の盲者たちはこの尊師を崇め、この出来事のうちに彼らの救済のための犠牲を認めるようになった。

ほとんど千年ののち、一六八八年、江戸から京都へ向かう旅の途中、芭蕉は鑑真が奈良に建立した唐招提寺を訪れ、彼の彫像の前で一つの俳句を詠んだ。

若葉して御目の雫ぬぐはばや(11)

ルネ・シフェールによる翻訳は以下のようである。

Avec les feuilles tendres
gouttelettes de vos yeux
voudrais essuyer

若葉によって

あなたの目の雫を
ぬぐいたいものだ(12)

この領域におけるシフェールのきわめて大きな貢献を認めつつも、エティアンブルは俳句の形式は三行詩ではなく一行詩であると考え、彼の翻訳の方法に異を唱える。彼はまた、古日本語の敬語表現を近代ヨーロッパ諸語に翻訳する際の困難にも注意を促す(13)。たしかに、ここでシフェールが「あなたの目」vos yeuxと訳している「御目」という表現には、呼びかけの構造は、少なくともフランス語文法の人称構造に難なく翻訳されるがままになるようなそれは、かならずしも含まれていないように思われる。なぜなら、まず鑑真ほどの高僧に声をかけることは自明な振る舞いではないし、とりわけここで詩人は彫像の前にいるのであって、その不動性が彼の心に、尊師の顔に触れるという、恭しいと同時に驚くほど親密な挙措の粗描を引き起こしたのだからである。それも直接指でではなく「若葉」を介して触れるのであり、この「若葉」は言葉の隠喩でもあるだろう。そこでわれわれは、この俳句を脇台詞のような独白とみる仮説にたって、次のような翻訳を提案する。

Avec une jeune feuille des gouttes des yeux du maître voudrais essuyer

若葉によって師の目の雫をぬぐいたいものだ

ところでこの俳句はその美しさを、「御目」の後に予想される語である「涙」を、芭蕉が「雫」に置き換えたことに主として負っている。この代置の詩的必然性を理解するためには、この俳句の提示に先行し、それを準備する散文の数行を読まなくてはならない。

招提寺鑑真和尚来朝の時、船中七十余度の難をしのぎたまひ、御目のうち塩風吹き入りて、つひに御目盲させたまふ尊像を拝して（……）[14]

したがって、海の塩水と涙のそれとの連合は明らかであり、この「雫」はジャン゠ルイ・クレティアンが「元素的涙」[15]（larmes élémentaires）と呼ぶ涙の範疇に属していることが判明するのである。高貴な僧の顔から具合の悪い分泌物を除去するどころか、彼自身大旅行家であった芭蕉は、彫像の顔上に幻覚されたこの「雫」を、感謝にみちた歓待の詩的挙措によって受け取ろうと望んだかのようなのだ。師の犠牲を証する聖遺物であると同時に、彼の視力と引き換えに開かれたであろう「内なる目」からの流出物として。日本を中国から隔てる海の残余であると同時に、師にして客である人の残余として。[16]

残るは、純粋な文学的発明であるこの「元素的涙」を、どこに位置づけるべきかを知ることである。クレティアンはためらわずに断言する。

古代の宇宙生成論やつねに再開されるグノーシス説が考えたように、世界とその諸元素を神あるいは神々の身体あるいは体液——血、精液、唾液、あるいは涙——にすることを拒絶することによって、一神教はそれとしての自然の尊重と、自然の諸元素の元素的なものとしての承認とを創始したのである。異教徒は自然を愛していると信じており、ときに自然を崇拝もする。しかし彼らは、自然を通して彼ら自身を愛しているのであり、真の海、真の山を愛しているのではない。彼らはそれらを、前例のない、成就した業のようにみなすこともなければ、唯一者の前で一緒に存在しているがゆえに、その解き放たれた歌を、われわれがわれわれの声において白熱状態にする役目を与えられている無言の兄弟のようにみなすこともない。[17]

われわれとしては、盲者にして異邦人の、古代の僧の彫像の前での芭蕉のこの挙措と、『盲者の記憶』でわれわれに見るべく与えられるデリダのあの挙措、盲者にして死にゆく母の顔の前での、少年時代以来初めての粗描の挙措とが、越えることの困難な、さらには不可能なあたの文化的境界の彼方で、たがいに合図を送り合うような翻訳の空間を夢みたいと思う。盲目の他者の顔に触れずに触れるこの二つの仕方、大胆なる慎みのこの二つの運動は、「同じ」文化に属しているのだろうか？　それとも、われわれが垣間みたと信じたそれらの間の親和性、あれは「幻《ヴィジョン》」以下のもの、単なる妄想《シメール》にすぎないのだろうか？　一つ確かなこと、それは、このような境域では、今日、かつてなく、われわれは自分が盲目であることを知らなくてはならないということである。

怪物のような「かのように」
——日本における政治上の嘘の歴史のために

「読まなくては、そして読み返さなくてはならない（Il faut lire et relire）」——著作のなかでもセミネールでも、あるいは彼を囲む、彼が出席しているコロックの場でも、ことあるごとにデリダは、私たちにそう説き勧めました。一見独自性に乏しいこんな厳命が、彼の筆というかキーボードのもとでは、そしてとりわけ彼の口から出るときにはとても特異に響くので、まさにそこに、彼の思考、彼の教えの全体を、「読みかつ読み返」したくなってきます。

というのも、〈読む〉ということは単なる解読の作業ではなく、信用の、信の、そして賭けの巨大な物語でもありうることをデリダは私たちに教えたからです。この厳命の「ねばならない」は、ただそれだけで、歓待と抵抗の原理を要約しています。到来する、また回帰するどんな他者をも歓待すること、独断と潔白意識にはどんなものにも抵抗することを、それは求めているのです。

しなくてはならないのは「読むこと、そして読み返すこと」です。それはつまり、やって来ること、取りかかること、手をつけること、そしてふたたび来ること、引っくり返すこと、反復することです。始めること、そしてやり直すことです。見出すこと、そしてふたたび見出すことです。認識すること、そして（ふたたび）認めることです。呼ぶこと、そして呼び戻す＝想起する（rappeler）ことです。ジャック・デリダの作品の読解に最初にどのように取りかかったか想起しつつ自問するとき、私たちは否応なく、単一にして二重の厳命のあの奇妙な空間に、これら一連の対をなす動詞たちが、絶対的始源と二次的かつ系列的な反復をもはや識別不可能にしてしまう空間に、自分が書き込まれていることを見出し、そしてふたたび見出します。一定の信用を、私の考えでは根源的先取りのある構造に即して、著者というよりテクストにあらかじめ与えることなくして読みを始めることはできないでしょう。そしてこの状況は読み直しの場合にも本質的に不変でしょう、それは信用を、なるほど別の仕方であれ、しかしそれ自体としては同じままの構造に即して更新するだけなのですから。

　とはいえそれは、あらゆる信用が等価であることを意味しません。まして、あらゆる読みの状況が等価であることも。まったく反対に、「同一の」読みに対する「ただひとつの」信用さえいくつもの異質なモチーフに分解されうるのであり、そのうちのいくつかは容易に口外しうる学術的、学問的レヴェルのものであるとしても、他方には公開の言明になじまず秘密に類するような、自伝的ないし特異体質的な、そしてときには無意識的なモチーフさえありえます。世界中のデリダの忠実な読者たちは、なんらかの仕方で、しかし多少とも激しく、この信用と秘密の経験を生きているのではないかと私は想像しています。もちろんここで私は、私が彼の作品との間で生きてきた、いまや四半世紀におよぶ信用の物語のもっとも公開的な側面に発言を限定しますが、それが彼の作品に対する私の関係を支えているらしいなんらかの不分明なモチーフの作用を受けていないと、すっかり確信しているわけではありません。

私は自分自身の経験から、非西洋圏からやってきた人は誰も、デリダが『グラマトロジーについて』でヨーロッパの自民族中心主義に対して示した極度の注意深さに打たれずにいられないだろうと想像しがちです。この注意深さは一九六〇年代中葉ではおそらく唯一の事例だったでしょうし、今日のヨーロッパの世論、その知的世界でさえ、このレヴェルの批判的慎重さが身についているかどうか自明ではありません。脱構築はいわば、西洋における自民族中心主義批判の第二段階をしるすものであり、レヴィ＝ストロースが着手した人類学的作業の後に、そのいくつかの不十分性を明るみに出したのでした。デリダが強調したのは、自民族中心主義というものは、うぬぼれや攻撃のかたちを取るばかりでなく、一方では他の諸文化に対する称賛のかたちをも、また他方では自己に対する非難のかたちをも取ることがあるということです。周知のようにデリダは、エクリチュールの害悪が先住民の無垢な共同体にヨーロッパ的外部から持ち込まれたとする『悲しき熱帯』におけるレヴィ＝ストロースの挙措が、音楽の、したがって言語の頽落の原因とみなされた和音と和声の起源を北方諸国に帰すことができると考えた『言語起源論』におけるルソーの挙措の正確な繰り返しであることを示したのでした。ところで、彼の思考の歩みの終わりに、同じ範例的注意深さが、まったく異なる、固有に政治的な文脈で働いていることがふたたび見出されるのです。それは彼が赦しという巨大な問いに、とりわけ赦しをめぐる政治的な演劇化の事象に取り組んだいくつかのセミネール、対話および講演でのことでした。このことにはまもなく論及することにします。

デリダのエクリチュールの思考は、人類学的文化相対主義のこのような問い直しと不可分である以上、非音声的エクリチュールの文化に対する称賛などではありえません。マドレーヌ・V・ダヴィドが同定したエクリチュールに関する三つの西洋的偏見、すなわち「神学的」偏見、「中国的」偏見、「ヒエログリフ的」偏見のイデオロギー的含意を分析したのち、デリダは極東の文化に関する簡潔で抑制のきいた定式を提出します。

（……）しかし、はるか以前から知られているように、中国や日本のエクリチュールは大部分非音声的でありつつも、非常に早くから音声的諸要素を含んでいた。これらの要素は構造的に表意文字ないし代数記号に支配されてきたのであり、ロゴス中心主義のまったき

外部で発展した強力な文明運動の証言がかくして得られるのである。[1]

日本の知識人のなかにはこの一節をもって、日本文化はロゴス中心的ではないのだから脱構築を必要としないと主張してデリダを読まない口実とした人もいたことを想起しなければなりません。私たちのほうはこの一節を別様に読み、ここから出発してみずからを「日本」と名指すある歴史現象についての私たちの理解の刷新を目的とした、これまでにない分析に着手できるのではないかと考えたのでした。私がここでことさらに「私たち」について語るのは、ジャック・デリダのセミネールで、二十世紀前半の日本の詩人、思想家、民俗学者である折口信夫について、ちょうど二十一年前、まさにこの場所で発表を行ったとき、私たちは三人だったからです。[2] そのときとりわけ私たちは、中国からみずからを区別することで自己を構成した日本は、その起源からしてある種の音声中心的構造を取り入れていたこと、折口はそれを私たちの列島文化の独自性として主張したことを強調しました。そしてこの構造をこの国の近代のナショナリズムは、国家のそれにせよ民衆のそれにせよ、それが西洋と中国に対して同時に自己を定義する必要を覚えていた限りで、デリダがそれを思考することを私たちに教えたようなロゴス中心主義の方向で解釈する傾向を持っていたのです。三人の発表者のうちの一人だった増田一夫はこの問題設定をふたたび取り上げて練りなおし、一九九二年の「境界の通過」と銘打たれたコロックの際に報告しました。(3) 私たちの作業は、『グラマトロジーについて』の定式に、単純に、あるいは全面的に同意はしないとしても、それから出発してのみ、それとの信頼にみちた対話を通してのみ実現可能であったことがお分かりいただけるでしょう。思い返せばあの時期すでに、私たちはこのようにデリダを「読み、そして読み返」していたのであり、彼に、それゆえ彼の人格と彼の思考に、このような仕方で信を置いていたのでした。そしてこのことはおおきな感動とともに言うのですが、私たちが彼に示したこのような信頼に、ジャック・デリダはつねに、穏やかな、注意深い、そしておそるべき友愛、私にはいまも信じ難いばかりの友愛をもって応答してくれたのでした。

今日私がお話したいのは、日本とアジアへのデリダのもうひとつの言及、今回は現代史にかかわる言及についてです。一九九五年八月十五日、アジア太平洋戦争終結五十周年の記念日に、当時の日本の首相村山富市は談話を発表し、日本が戦時中に犯した犯罪だけでなく、朝鮮と台湾の植民地支配、征服の過程を含むその期間に犯した罪についてもこれを認めたのでした。デリダはこの談話に、私の知る限り二つの機会に、彼の仕事の二つの契機において、隣接した、しかし異なる観点から言及しています。時間軸に沿って言えば二回目の言及のほうから見ていくことにしましょう。それは赦しについてのミシェル・ヴィーヴィオルカとの対話のなかに出てきます。

（……）このような言葉遣いのうちに、いくつかの強力な伝統（「アブラハム」的文化の伝統、哲学的人間主義の、より正確には、それ自体ストア主義とパウロ的キリスト教の接ぎ木から生まれた世界市民主義の伝統）が交配し蓄積されているのだとしても、なぜ今日、この言葉遣いが、元来ヨーロッパ的でもなければ「聖書」的でもない諸文化にも否応なく課せられてきているのでしょう？　私が考えているのは、日本の首相が、過去の数々の暴力について、朝鮮人と中国人に「赦しを求めた」いくつかの場面です。なるほど彼は、彼の「心からのお詫び〔heartfelt apologies〕」を彼自身の名で行ったのであり、なにより天皇を国家元首としてかかわらせたわけではありません。しかし、首相なのですから、単なる一私人以上のものをかかわらせていることはたしかです[4]。（……）

冷戦の終焉から二〇〇一年九月十一日まで、ある種の和解の政治が国際的な政治の舞台を支配しました。ジャック・デリダはこのプロセスを、同時におおきな共感ともっとも批判的な注意深さをもって注視していました。かつてルソーとレヴィ＝ストロースの自己非難的発言を、おのれを否定することで再肯定する自民族中心主義の否認のしるしとして分析したときと同じ注意深さで、一九九〇年代に彼は、赦しの舞台の政治的演劇化を通して、「人類に対する犯罪」

という概念の発明と活用を通して、「キリスト教の教会をもはや必要としない」キリスト教を世界化する、「世界ラテン化」の仮設を立てるにいたったのです。ここでデリダがこの和解の政治の全体を、唾棄すべきスペクタクルの連鎖のように告発し拒絶していると考えるのは、彼の分析の狙いと射程を見誤ることでしょう。この解釈を斥けるために参照されるべきは、南アフリカ共和国で真実和解委員会設立のイニシアチヴを取ったネルソン・マンデラに対するデリダの終生変わることのなかった大きな感嘆のほかに、『リーニュ』誌のアンケートに彼が与えた回答で、「スペクタクル社会」についてのギィ・ドゥボールの見解に、非常にはっきりとした留保を示したことが挙げられるでしょう。「スペクタクルといってもさまざまである」とそこで彼は言っています。[5] 逆にデリダが日本や南アフリカの場面を普遍的図式の多々ある事例のひとつとみなしていると考え、彼がこの「世界ラテン化」と共犯関係にあるのではないかと疑うことも、対称的な誤解におちいることでしょう。そのいずれでもなく、デリダはここで、普遍的図式ではなく、ある特定の文化の普遍化のプロセスを記述しているのであり、それが問題であるからこそ思考すべき事柄を彼に与えるのです。そもそもこの普遍化の限界は、これらの挙措のすべてが不純であることによってはっきりしるしづけられています。これらの挙措は、求められた、あるいは与えられた赦しのようにおのれを与えることを欲するのですが、デリダによればまさにそこで、「赦しが、たとえ高貴で精神的な（償いあるいは贖い、和解、救済といった）ものであれ、ある目的に資することになるそのつど、喪の作業によって、なんらかの記憶のセラピーやエコロジーによって、赦しが（社会の、国民の、政治の、心理の）正常性の回復へと向かうそのつど、そのつど「赦し」は――そして、その概念も――純粋ではない[6]」のです。

さきほど触れた村山首相の談話の意義を、日本人は一般に低く評価しがちです。なぜなら、この談話が当時のコンテクストで考えうるかぎりの、政治的策謀の計算と駆け引きの所産だったことがあまりによく知られているからです。村山は当時、連立政権を離脱したばかりの社会党の党首でした。その彼が最大の保守政党である自由民主党から首相の役割を担うことを要請されたのはこの党が当時野党であり、政権に復帰するためならどんな取引にも応じる用意があったからでした。村山と彼の政策チームはこの巡り合わせを利用して、自民党内の右翼的ないし極右的な議員が他の状況であればけっして受け入れなかったであろう内容を呑ませることに成功しました。とはいえ、社会党がこのために支払わなければならなかった代価はけっして小さくありませんでした。この談話と引き換えに村山は、昭和天皇の開戦における責任をいっさい公式に否定し、それと同時に自衛隊の合憲性を認めることを余儀なくされました。保守派の政治家たちが何十年ものあいだ頭を痛めてきた厄介な歴史的難題が、このとき村山の一言によって決着をみたことにされたのです。

それ以来、彼の談話は右派政権の歴代のリーダーたちのアリバイとして役立ってきました。彼らにとっては隣接諸国との正常化したとみなされた関係を維持するために、口先でそれを継承すると言いさえすればよいのです。しかし最近、戦争と植民地主義に関する日本の責任を否定する論文を発表したため解任された自衛隊の元幹部〔田母神俊雄〕が、村山談話に対する激烈な憎悪を表明しました。彼の言うところを信ずるなら、この談話は今日、この国における表現の自由に対する抑圧のおそるべき道具と化しており、実際には日本が一九四五年以前の民族的活力をふたたび見出すことを妨げる最大の障碍だというのです……。

それではデリダがはじめてこの談話に言及した際のコンテクストを明確にすることにしましょう。デリダがこの談話に触れたのは嘘についてのあるセミネールのなかでであり、彼の眼に非常に注目すべきものと映ったその重要性を強調したのです。ここでは長い引用を控えることはできません。

（……）括弧のなかで私は日本を名指しましたが、二年前に村山首相は、同時にその一語一語が、また遂行論的構造の全体が慎重に検討されるべきある談話を行うことでひとつの運動を開始していたのでした。日本国家をその頂点において、その帝国的同一性の恒常性において、天皇自身において関与させることなく、ひとりの首相が吐露するのです、告白のかたちで真理を言うのです。みずから意味深い仕方で「疑うべくもないこの歴史の事実」と呼ぶものの前で（……）、村山は彼の名において（この名は彼の名以上のものを言っていますが、いまだ天皇の名、すなわち国家の名においてではありません）「痛切な反省（regret）の意」を表明します。（……）彼はある反省の苦悩を告白します、個人的であると同時に、おぼろげに、非常に不明瞭に、国民的かつ国家的であるような哀悼の意を。国家の哀悼とは、それが国家元首の死でもなく、同国市民の死ですらない死を嘆くとき、いったい何なのでしょう？　国家が赦しを、あるいは謝罪を求めることがそもそもできるのでしょうか？　国際的な政治意識に関して、このことにはどんな含意があるのでしょうか？（……）続いて「植民地」的抑圧を想起しつつ——この点は他の旧植民地帝国の心中を落ち着かなくさせたはずです——日本の首相は言い足します〔デリダは彼が最初にこの談話を読んだ英語訳から引用しています〕。「*Allow me also to express my feelings of profound mourning for all victims, both at home and abroad, of that history.*（また、この歴史がもたらした内外すべての犠牲者に深い哀悼の念を捧げます。）

この告白はただ正直であろうとしているだけではありません。それはひとつの約束のように進み出るのです。それはまたある任務の責任を明言します、未来に向けて契約を結びます。「*Our task is to convey to the younger generations the horrors of war, so that we never repeat the errors in our history.*（私たちは過去のあやまちを二度と繰り返すことのないよう、戦争の悲惨さを若い世代に語り伝えていかなければなりません。）」過誤と告白の言葉遣いは、その効果をやわらげるために、それとは異質な誤謬の言葉遣いと合成されています。そしてここにおそらく歴史上はじめて、国家あるいは国民の概念が、それをつねに構成的かつ構造的に特徴づけてきたもの、すなわち潔白意識からあえて分離されたのです。その出来事がいかに不明瞭であろうと、そしてその動機がいかに不純なままであろうと、その戦略がいかに計算づくかつ状況依存的であろうと、ここには人類とその国際法の、その学問と良心の歴史におけるひとつの進歩があります。カントならおそらくここに、改善可能性のほうに、人類の進歩の可能性のほうに「合図」をする出来事のひとつを見たことでしょう、例えばフランス革命のように、それも挫折と限界を通して、ひとつの「傾向」を、そして人類の「進歩」の可能性を、このように認証することで記憶に置き直し、証明かつ告知するような「合図」を。(7)

ジャック・デリダがこの村山談話をどれほど重視していたか、よくお分かりになるでしょう。そして彼の眼に、改悛と告白の世界化が、こうした不純な演劇化にもかかわらず、あるいはそれを通して、もろもろの出来事の機縁となることは、まったく可能なことと映っていること、そしてこうした出来事が、民主主義的遺産が自明のものとして参照されることのない西洋のある種の外部から、他処の民主主義（la démocratie d'ailleurs）と呼びうるようなものから到来するとすれば、そのインパクトは、いわばいっそう注目にあたいすると考えられていたことが理解されるのです。

しかしここでひとつの問いが出てきます。村山談話はいかなる点で決定的な一歩であると、実のところ主権の歴史において、ヴィリ・ブラントからリヒャルト・フォン・ヴァイツゼッカーを経てヘルムート・コールにいたる、一九七〇年代、八〇年代の西ドイツの政治指導者たちがさまざまに示した挙措や開陳した言説以上に重要であるとみなされうるのでしょうか？　第三帝国の消滅ののちその国家が分断されたドイツと異なり、日本の場合は敗戦と占領ののち、当時すでに構図がはっきりしていた冷戦の文脈で、デリダがここで「帝国的同一性」と呼んでいるものが維持されたという点においてであろうと思われます。村山は恒久的とみなされたこの同一性を、直接的、現働的に関与させることなく告白に及んだことになりますが、デリダが強調していることは、少なくとも潜在的、長期的に、この同一性に影響を及ぼさずにはいないであろう、そのような仕方でそうしたということなのです。

一九九四―九五年のセミネールから抜粋された、「嘘の歴史。プロレゴメナ」という表題を持つこの論考で、デリダは持ち前の慎重さを極限まで押し進め、みずからの思考の足取りの厳密さについてばかりでなく、正直と嘘のあいだの概念的対立の、他の観点からみればとても必要かつ緊急なこの脱構築が引き起こしうるもろもろの政治的効果についても、おそらくかつてないレヴェルの注意深さを示しています。彼は自分の危惧をことさらに表明し、わざわざ次のように明言しさえします。「われわれはこの嘘の〔古典的な〕概念に、粗野な、きっぱりとした、硬直した、ありきたりの堅固さを保持しなければなりません。[8]」言うまでもありませんが、プラトンの『小ヒッピアス』、アリストテレスの『形而上学』、聖アウグスティヌスの嘘に関する二つの重要論文、モンテーニュの『エセー』の「嘘について」、ルソーの「第四の散歩」、オスカー・ワイルドの『嘘の衰頽』、カント、ニーチェ、ハイデガーへの絶えまのない、複雑で多様な参照等々といった膨大なテクスト群を参照しつつデリダが展開した精緻な議論のすべてをここで再構成することはできません。また、政治上の嘘が際限なく拡散していくという現代の特殊性を規定するために、アレクサンドル・コイレの著作『嘘についての考察』とハンナ・アレントの二つの論考、「真理と政治」および「政治における嘘」を相手にデリダが遂行した重要な対論を詳細に検討することも、残念ながらなおのこと無理なようです。もうひとつの日本の物語に立ち戻る前に、デリダの省察のもっとも目立つ特徴のいくつかを確認することでよしとしましょう。

嘘の歴史という表題のもとに、デリダは三つの、不可分ではあるけれども異なった事柄を圧縮しています。すなわち、（1）嘘の概念の歴史、（2）ドイツ語のGeschichteの意味での歴史、つまり「嘘に対して、あるいは嘘によって到来したすべての出来事からなる」歴史、（3）真であるべき、そしてこれらすべての嘘の話〔récits〕を秩序づけるべき物語〔histoire〕。

嘘の概念に関しては、もっとも深い変化は古代ギリシャとキリスト教のあいだで、キリスト教が、ギリシャ人には知られていなかったラディカルさで真理を神聖化したときに起こりました。嘘の語用論ないし遂行論という出来事のレヴェルの歴史について言えば、ここで私たちが第一に関心を寄せている現代の政治史の文脈に限定するなら、デリダは「人道に反する罪」という概念が発明されそれが国際法に導入されたことで引き起こされた変動を決定的なものとして強調しています。村山談話があれほど強力にデリダの注意を引いたのは、それが概念と実践のこの二つの変化の交差するところで、こうした変化が最初に生じた文化圏の外部で生起したことだったからです。

しかし、こうした嘘の歴史性は誤りに陥るたいした危険性なしに確証できるとしても、デリダが仮設によって私たちに考えるべく与えることは、嘘を理論的知の対象とすることの困難、さらには不可能性ですらあり、歴史における嘘についての真なる話は、ありえそうにない計画にとどまるのです。無数の警戒でそれを囲繞しつつ、デリダはようやく、最小限の契約のように、嘘の定義に似たものを、次のようなかたちで提出します。

嘘は遂行的なタイプの宣言を含み、真実の約束を、まさにみずからそれを裏切るところで含意する。それが出来事の創出を、確認すべきなにものもないところ、あるいは少なくとも確認に尽きるようななにものもないところで、信用の効果の産出を狙うがゆえにそうなのである。しかし同時にこの遂行性には、現実、真実および誤謬といった、こちらのほうは遂行的決断に属さないとみなされている諸価値への参照が含意されている。(9)

この新たな考察の枠組みで、最後に私は、森鷗外の名高い小説で一九一二年に発表された「かのように」のごく簡略な読解の粗描を試みたいと思います。森鷗外は一八六二年に生まれ一九二二年に没しています。鷗外は近代日本文学におけるもっとも偉大な作家のひとりとみなされていて、彼の名は、溝口健二の世界的に有名な映画の原作となった『山椒大夫』によって特に広く知られています。小説「かのように」が近代日本の歴史上、文学と政治の両面で大きな出来事とみなされるのは、その執筆と発表がいわゆる「大逆事件」に続く時代の大きな転換期に位置しているからです。この事件では数百人の社会主義者が天皇暗殺を企てた廉で逮捕され、そのうち二十四人が死刑判決を受け、十二人が処刑されました。陸軍の高官であり保守的な政治的立場の持ち主だった鷗外がこの事件に強い衝撃を受け、密室で行われた裁判の経過を知るために手を尽くしたことは現在ではよく知られています。

この小説の主人公は五條秀磨という華族の家の出の若い歴史家です。ドイツに数年留学したあと帰国した秀磨は歴史家としての仕事に取りかかることができません。天皇家は神的起源を持ち天皇は現人神であるという体制の公式見解をどうしたらいいか分からなくなってしまったためです。彼を打ちのめしたのは国家が組織する政治上の嘘の粗暴な使用から吹き込まれる恐怖であるよりも、この政治神学的フィクションを信じている父の気持ちを傷つけるのではないかという危惧でした。彼は父に挑むのではなく説得したいのであり、それもできるだけ穏やかなやり方でそうしたいのです。理論的水準では、彼は自分が歴史家の職業倫理とみなしているものを理に適った仕方で正当化することで、問題はすでに解決したと信じています。それは、もはや学問には属さない民族神話を尊重する、「単なる理性の限界内における」歴史研究の前提的手続きです。この妥協提案を胸に秘めながらも、彼はにもかかわらず、父に胸襟を開くことができずにいます。

ある日彼は、やはり華族の家の息子である旧友・綾小路の訪問を受けます。彼は長年フランスで過ごしたあと画家になりました。秀磨の書斎の机の上に彼は一冊の本を見つけ、それをひっくり返して表紙を見るなり嘆声を挙げます。「ジイ・フィロゾフィイ・デス・アルス・オップか。妙な標題だなあ。」「アルス・オップ」とはどういう意味かと訊ねる友人に、秀磨はこう答えます。

「コム・シイさ。かのようにとでも云ったら好いのだろう。妙な所を押さえて、考を押し広めて行ったものだが、不思議に僕の立場そのままを説明してくれるようで、愉快で溜まらないから、とうとうゆうべは三時まで読んでいた。[10]」

この小説のタイトルがどこから来たか、またこの小説が私たちの問題設定にとってどんな意義を持っているか、お分かりになられたかと思います。この小説は、日本語文学において、嘘の歴史、とりわけ政治上のそれの可能性の条件に関して先に論じた考察の全体を、デリダが日本国家の「帝国的同一性」と呼んだもの、すなわちその主権の基礎に関する問いに結びつけることを可能にする特権的なテクストなのです。そしてデリダが、あの小さな、しかし重要で難解な本、『条件なき大学』のある注で、ファイヒンガーのこの有名な作品を名指し、彼がここでその不可能な可能性を思考することを提案する「かのように」はもはや完全に哲学的ではなく、『かのようにの哲学』が扱うカテゴリーにも属さないと明確に述べていたことも想起されます。[11]「かのように」のこの最後のカテゴリーは、同じ本でデリダが先に行った列挙において、おおよそのところ第三の種類のものであるように思われます。第一の「かのように」は哲学以前的なものであり恣意の同義語なのに対し、第二の「かのように」はカント的な統整的理念という哲学的威信が備わっています[12]。それに対して第三のものは、『『人文学』と呼ばれる学問領域に属するあらゆる対象の構造と存在様態」を記述します。その広がりは非常に大きく、あらゆる種類の芸術作品だけでなく「あらゆる言説的理念性」をも包含するもので、そこには「法律関係の諸学科および法の産出、そして学問的対象一般のある種の構造さえ」含まれます[13]。

友人の画家に促されて、私たちの小説の若い主人公は、ようやく「かのように」についての彼の理論の開陳に踏み切ります、あたかもこの友人が彼の父であるかのように。彼の目的は、彼の最初の説明が与えた印象、「かのように」は嘘と同一視しうると受け取られかねないような印象を修正することです。「怪物」という語は、このような「かのように」の意味を捉えようとする画家が、その前に用いていたのでした。

「(……)君がさっきから怪物々々と云っている、その、かのようにだがね。あれは決して怪物ではない。かのようにがなくては、学問もなければ、芸術もない、宗教もない。人生のあらゆる価値のあるものは、かのようにを中心にしている。昔の人が人格のある単数の神や、複数の神の存在を信じて、その前に頭を屈めたように、僕はかのようにの前に敬虔に頭を屈める。その尊敬の情は熱烈ではないが、澄み切った、純潔な感情なのだ。道徳だってそうだ。義務が事実として証拠立てられるものでないと云うことだけ分かって、怪物扱い、幽霊扱いにするイプセンの芝居なんぞを見る度に、僕は憤懣に堪えない。(14)」

画家はしかし、歴史家による「かのように」の、この利害がらみの辻褄合わせを認めません。それをできるだけ無害な、脅威に乏しいものに見せようとする彼の努力を嘲り、にべもない「否」を彼につきつけます。悄然として画家の前に立ち尽くした歴史家の眼に、友人の姿は巨人のように大きく映ります。物語はこうして終わりを迎えます。

森鷗外の専門研究者たちのあいだで、画家のこの「否」の含意をどう解釈するかで意見が分かれています。「かのように」による議論のどんな効力も認めることを拒絶するものなのか、それとも、「かのように」のおかげで歴史家とその父が妥協に達する可能性を否定しているのか。私たちとしては、画家は友人の「かのように」の解釈があまりに弱々しく小心翼々としていると判断して、その絶望的な馴致の試みに反対したのだと考えたいと思います。怪物のような、あるいは幽霊のような「かのように」という画家の仮説に対する主人公の反応はひとつの否認として解釈されうるものであり、これほど必要を痛感している父との会談に、友人がその父の代理をする対決の模像《シミュラクル》によってしか臨めずにいるというまさにそのことが、彼の新しい崇拝の対象の苛烈な性格を、彼が知っていた、あるいは少なくとも予感していたという想定を許します。

しかし、怪物のような「かのように」とはそもそも何なのでしょうか？　単なる理性の限界内にも、政治神学的フィクションの遂行性の約束事のうちにも、馴致され、家内化され、閉じ込められ、封じ込められるがままにならないような、まして契約や協定――たとえば父と息子のあいだの――のなんらかの理念にも還元されるがままにならないような「かのように」とは？　その例を挙げることができるでしょうか？

ジャック・デリダの作品における「かのように」の思考の場所は、非常に限定することが困難であるように思われます。一方で、例えば『ならず者たち』では、「コーラと綽名された」「世界「以前」の間隔化」はまた、「どんな「それとして」」ばかりでなく、「どんな「かのように」」より「前」であると言われています[13]。さきほど触れたファイヒンガーについての注が付された『条件なき大学』のあの一節には次のように書かれています。

> 〈おそらく〉の経験に認められたこの力、それはきっと、「もしも」あるいは「かのように」と類縁性ないし共犯性を保持しているだろう。そしてそれゆえ、ある特定の条件法の文法と。（……）〈おそらく〉を思考すること、それは「もしも」を、「では、もし？」を思考することだ。しかし、この「もしも」、この「では、もし」はもはや、われわれがこ

れまで語ってきたすべての「かのように」のオーダーに還元できないことはお分かりだろう。そしてそれが言葉のうえでは条件法に則って活用するにせよ、それはまた、無条件的なもの、出来事的なもの、あるいは不可能な無条件的なものの可能的な出来事、まったき他者を予告するためなのである――そしてこのような出来事をわれわれは（これも今日はまだ言っていないししていないが）、主権という神学的観念から分離しなくてはならないだろう。[16]

このことが意味するのは、したがって、この本でデリダが引用ないし発明するすべての「かのように」は、カントの三つの「かのように」にせよ、彼によって作り出された、謎めいた、そして一見中心に位置するあの文、「労働の終わりが世界の始まりであるかのように」にせよ、無条件的出来事を予告する「かのように」というあのカテゴリーには属していなかったのです。少し前のところで問題となっていたのは、「どんな「かのように」によっても、あるいは少なくとも、すでに読めるような、解読できるような、そしてそれとして分節できるようなどんな「かのように」によっても家内化されることのない」出来事でした。このもうひとつの「かのように」はそれゆえ、それとして現れないような「かのように」なのです、ちょうど私たちの日本の小説のなかのあの「怪物のような「かのように」」のように。とはいえ、このように現れないからといって、この「怪物」ないし「幽霊」を考慮しないことが許されることにはなりません、まったく反対です。この点でこそ私たちは、森鷗外の「かのように」というあの文学テクストのいくつかの側面を、怪物としての将来についてのデリダの思考に接近させることが、さほど牽強付会ではないと信じるのです。

> **将来が先取りされるのは絶対的な危険のかたちにおいてだけである。それは構成された正常性とは絶対的に断絶するものであり、それゆえ怪物性のすがたでしか予告されえず、おのれを差し出す〔現前させる *présenter*〕ことがない**(17)**。**

『グラマトロジーについて』の銘に見出されるこの名高い断言は、歴史的時間にも、また読みの時間にも妥当するでしょう。遥か以前から、しかしとりわけ政治に関して、ジャック・デリダはこの「怪物のような」将来から出発して、そしてそれに準拠する前未来において思考することを試みて止みませんでした。エクリチュールの歴史と同じく嘘の歴史も、いっさいの歴史の可能性の条件以外のなにものでもありません。それは同時に、私たちがそこから出発して私たちの「現在」および「過去」を、「読むこと、読み直すこと」を学ばなくてはならない歴史でもあります。それはとても奇妙な「反省的判断」の訓練であり、嘘の歴史に関するセミネールでデリダ自身が認めているように、「類比によって」事を運びつつも、「特殊から一般」へと進みつつも、『判断力批判』の「アンチノミー」や「弁証論」にも似たもののなかで進退に窮しつつも、もはや表象可能な統整的原理には準拠せず、いつまでも予見できない不可能なもの、言い換えれば、繰り返しますが、怪物のような「かのように」を考慮して、それによって、それとともに計算するすべを学ぶことなのです。

しかし今日、政治の領域で多少とも妥当な仕方で実践を方向づけようとすれば、嘘に関するこのような歴史的学が必要であることを誰が否定できるでしょう？　イラクが大量破壊兵器を保有しているという口実で違法な戦争が仕掛けられこの国が破壊された後で、そして同じ歴史的シークエンスにおいてスペインのアスナール政権が、選挙前日に嘘が露見したために打倒された後で、コイレやアレントのような人たちの仕事はかつてなく貴重なものとして私たちの眼前に現れています。私たちはいつか、イラクとアフガニスタンに関して、新たなペンタゴン・ペーパーを読む機会があるのでしょうか？　それはまったく予断を許しませんが、その場合には私たちは、アレントとデリダをともに参照しつつそれを読む以外にはないでしょう。すなわち、デリダが論の最後でさらに指摘しているように、それが知というものと「構造的に無縁にとどまる」としても、あるいはまさにそのゆえにこそ、嘘には歴史があるという仮設から出発して読む以外には。

日本の政治も嘘の多いことでは同断であることをわざわざ指摘する必要はないでしょう。体制と文化の好みはむしろ隠蔽に傾いているとしても、戦争宣伝のための嘘の使用に関しては、日本は同盟関係にあった他の枢軸国になんら引けを取りませんでした。戦後においてすら日本政府は、巨大で歴史的な嘘を多々拵えてきました。例えば一九七〇年代に沖縄の住民に対して、沖縄列島が日本の主権に復帰したのちは、アメリカに核兵器の持ち込みを認めないと保証したことなどがそれに当たります。合州国で公開された外交文書がそれとは逆の事実を示しているにもかかわらず、日本政府はあいかわらず当時の公式見解を変えようとしていません。

しかし、私たちの国でもっとも深刻な問いは、デリダが語るところの「帝国的同一性」の核心そのもので問われます。私たちが「政治神学的フィクション」あるいは「民族神話」と呼んだもの、天皇を現人神とする「王の二つの身体」の教義の非常に特異な形態、敗戦ののち天皇自身によって否定されたフィクション、あれは嘘だったのでしょうか？　あるいは、戦後何人かの思想家や歴史家が主張してきたように、それは宗教的な性格の民間信仰であり、それが支配階級によって流用され変質させられたのでしょうか？　この二つの見方には、結局のところどんな違いがあるのでしょう？　仮にそれが政治的嘘だったとして、誰が誰を騙したことになるのでしょう？　私の母のように戦争が終わるまで神風の奇跡を信じていた人々は騙されたと感じたのでしょうか？　何について？　誰によって？　歴史的に唯一はっきりしていることは、天皇制のまやかしを告発した左派の言説、主として共産党系のそれは、民衆のあいだでは広い支持を得られなかったということです。そうである以上、嘘、いかさま、まやかし以外のもうひとつのカテゴリーが、日本という国家の、嘘の歴史以前に、ただ単にそれ自体の歴史を説明するためにも、発見ないし発明されなければならないでしょう。そして、デリダが切り開いた考察の道はすべて、このような国で整合的な共和主義の言説を、政治的かつ歴史的に妥当な仕方で錬成するために、とても貴重な示唆に満ちています。

「かのように」が哀悼の思考に不可欠な様態でもあることを想起せずに、私の発表を終えることはできません。それもやはりジャック・デリダが教えてくれたことでした。彼の最初の重要な哀悼の言説である「ロラン・バルトの複数の死(者)」[18]で、デリダは彼の考察を〈ように〉(comme)の周囲に集中しました。そこで彼は、死者に同一化してその人のようにすることも、あるいはそれを控えることも、どちらも敬意を欠く危険を冒すことになる逆説的な状況を思考することを提案したのでした。この思考はずっと私の脳裏に取り憑いていて、それも私が、この機会に、「かのように」について語ろうとした理由のひとつでした。あたかも彼の前で自分が語っているかのように。私の人生に四回そのようなことがあったように。私はいま、彼の言葉を聴く用意ができています。

デリダにおけるヘーゲル
――『弔鐘』における〈晩餐〉の記号論を中心に

一　翻訳

ジャック・デリダの仕事はヘーゲルに何を負っているのか？　脱構築と呼ばれる彼の哲学的営為はヘーゲル哲学にどこでもっとも抵抗するのか？　この二つの問いは、彼がフランスの、さらには世界のヘーゲル研究に残した業績とは何かという第三の問いと、どのような関係に立つのか？　こうしてすでにわれわれは、四つの、いずれも容易に答えがたい問いの交差の前に立たされている。これらの問いは、しかし、異形のヘーゲル論『弔鐘』冒頭の問いに、すでに暗黙に折り畳まれていたとも言えるだろう。「今日、われわれにとって、ここで、いま、ヘーゲルから何が残っているのか？」(1)

ここではまず、第三の問いの前半、すなわち、フランスのヘーゲル研究にデリダは何をもたらしたかという問いから始めたい。デリダは彼の師のジャン・イポリットのように、ヘーゲルのある著作の全体を翻訳、出版したことはない。それにもかかわらず、彼はヘーゲルのフランス語訳の歴史にある重要な足跡を残した。それはaufhebenをreleverと翻訳するという彼の提案である。後年彼が好んで用いた概念を援用するならひとつの翻訳的発明と呼ばれるべきこの提案は、現在、もっとも有力な選択肢のひとつとして確実に定着している。

エミール・バンヴェニストの『インド゠ヨーロッパ諸制度語彙集』をモデルに構想された大項目主義の哲学事典『ヨーロッパ哲学語彙集』[2]（二〇〇四）のaufhebenの項は、一九三九年のイポリット訳『精神現象学』出版以来フランスで現れたこの語の多様な翻訳の試みと、その妥当性をめぐる論争の歴史を総括している。項目執筆者のフィリップ・ビュトジャンは、この語の意味についての『大論理学』の「注解」（第一編「客観的論理学」、第一巻「存在論」、第一部「規定性（質）」、第一章「存在」）の検討を通して、フランス語への翻訳の試みが直面してきた問題を二点に絞り込む。

第一に、この「注解」でヘーゲルがaufhebenの運動の積極的な側面を強調していることである。それに対し、イポリット訳のsupprimer（廃棄する）には、かなり一面的な否定的含意がつきまとう。ピエール゠ジャン・ラバリエール訳（sursumer）やエティエンヌ・マルティノ訳（assumer）に至る近年の代案は、いずれもこの点を優先的に考慮している。

第二に、ドイツ語という自然言語のうちにこの「思弁的な」語を発見した「喜び」を、ヘーゲルがこの「注解」で率直に語っていることである（「思弁的思考にとっては、言語のうちに、それら自身において思弁的意味を持つ言葉を見いだすことは、喜ばしいことである。」〔Für das spekulative Denken ist es erfreulich, in der Sprache Wörter zu finden, welche eine spekulative Bedeutung an ihnen selbst haben.〕）。この「喜び」そのものが、慎重に考察されるべき複合的な問題を秘めている。この「喜び」の内実を思考しつつ、翻訳者はひとつの選択の前に立たされる。出発言語であるドイツ語における、またとりわけヘーゲルの用法における、aufheben の多義的な構造に多少とも対応しうる語を、到達言語の現存の語彙のうちに探し求めるべきか？　それとも、新たな造語に訴えても、原語の意味の運動を可能な限り正確に写し取るべきか？

この二重の問いを踏まえるならば、デリダは、aufheben の運動の積極的側面を重視しつつ、既存のフランス語のうちにそれに相当する語を求めて、relever という語を発見したと言えよう。この翻訳について彼がもっとも簡潔に述べているのは次の箇所である。

aufheben、それはこの語がただひとつの運動において、同時に、転位し〔déplacer〕、引き上げ〔élever〕、取って替わる〔remplacer〕ことを意味するという意味で relever で

ある。(3)

relever のこれらの語義には確かに否定的含意は支配的ではない。そのうえビュトジャンが指摘するように、lever には heben とほぼ同義の「持ち上げる」という意味がある。さらに、再帰形の se relever には「立ち直る」という「倫理的、苦行的な含意」があり、sich aufheben のヘーゲル的用法のある側面に照明を当てうる。もちろんこの翻訳によって relever という語には現用の範囲を大きく逸脱する意味の拡張が起こるだろう。しかしそれは、ヘーゲルによる aufheben の哲学的使用によってすでにドイツ語のなかで生じていた事態と本質的に変わらないだろう。

ヘーゲルのテクストの翻訳作業へのデリダのかかわりは、しかし、この点のみに留まらない。一九六八年の講演「差延」で彼は、différance という新奇な綴りの語を提案する理由を説明する文脈で、アレクサンドル・コイレの一九三四年の論文「イエナのヘーゲル」に言及していた。コイレが翻訳しつつ引用する『イエナ論理学』の一節には、differente Beziehung という言葉が現れる。この連辞は、次のような「現在」の規定を集約的に表現するものである(以下は、デリダが引用するコイレの翻訳の翻訳である)。

現在という限界あるいは契機、時間の絶対的な〈このもの〉、あるいは〈いま〉は、絶対的な否定的単純性をそなえ、いっさいの多様性を絶対的に自己から排除するが、まさにそのことによって、絶対的に規定されている。それは自己のうちに広がっているようなある全体や量、それ自身のうちで無差別あるいは外的な、ある他なるものにおのれを関係づけるような多様なものではなく、単純なものの絶対的に差異化する関係である（sondern es ist absolut differente Beziehung.）[4]。

デリダが注意しているように、そもそもドイツ語でラテン語系の形容詞 different が用いられることはまれである。ヘーゲルも一般に verschieden, ungleich 等を用いている。青年期のこのテクストの、それも「現在」の規定という重要な箇所で、彼がこの形容詞を用いていることはそれだけに注目にあたいする。「この different という語はここでは能動的な意味に解されている」というコイレの注解を受けて、デリダは、この different のヘーゲルによる能動的用法が、フランス語で、different ではなく différant と書くことで翻訳可能になると述べるのである。

われわれの第一の問い、デリダの仕事がヘーゲルに負っているものは何かという問いが、このように、翻訳の問題と不可分であることは、私見によればきわめて重要である。翻訳の問題こそは、第一の問いを第二の問いに、すなわち、脱構築がヘーゲル哲学にもっとも抵抗するのはどこかという問いに節合するものでもあるからである。続く一節でデリダは言う。

(……)翻訳とは、つねにそうあるべきだが、ある言語の他の言語による変形であろう。もちろん私は、「差延」という語が、別の用法にも役立ってほしいと思う。まず、それが刻印するのが「根源的」差異の能動性ばかりでなく、遅らせること〔différer〕の時間化=遅延化する迂回でもあるからである。またとりわけ、このように書かれた差延が、然るべく読まれたヘーゲル的言説と、深い類縁性を維持しつつも、それがある点で、それと断絶することなく——そのようなことには意味もチャンスもないだろう——、同時に微細かつラディカルなある種の転位〔une sorte de déplacement à la fois infime et radical〕をもたらすからである[5](……)。

差延は揚棄を転位する。しかし、先に見たように、relever とフランス語に翻訳された aufheben の多義的な運動は、まず「転位する」(déplacer) ことでもあったのだから、この命題は、揚棄は揚棄を転位する、あるいはさらに、揚棄は揚棄を揚棄するとも、ある程度まで、書き換え可能なはずである。あるいはむしろ、デリダは、差延と揚棄のそのような「深い類縁性」を表現すべく、relever という訳語を選択したとさえ考えられる。言い換えれば、脱構築のヘーゲル哲学への抵抗は、デリダが晩年多用した概念を用いれば、すでに一九六八年、ヘーゲル的言説の自己免疫作用のように考えられていたのである。ヘーゲルに対するデリダの負債と抵抗は、このように、ある奇妙な内在的関係において、別々にではなく、同時に考察されるべき事柄であろう。

二　記号

同じ時期、構造言語学、記号論が隆盛を極めていた一九六〇年代後半、デリダが精力的に展開したヘーゲル研究の重要課題は記号であった。それは一方で、エクリチュールに関するヘーゲル理論の検討作業の一環でもあった。『グラマトロジーについて』で、続いて「竪坑とピラミッド」で、彼が分析したエクリチュールについてのヘーゲルの見解は、『エンチュクロペディー』四五九節を中心に展開されている。言語記号論の途中で、エクリチュールをめぐる考察は、「根源的な言語としての音声言語〔Tonsprache〕を論ずるに際し、エクリチュール〔Schriftsprache〕についても、だがここではほんの道すがら〔im Vorbeigehen〕、触れてもよかろう[6]」と語り出される。哲学の体系的言説の本体からすればあたかも余談と言わんばかりのこの箇所に、デリダは、彼の用語で言えばロゴス中心主義と音声中心主義の深い結合を示す論理構造を追跡していく。

ヘーゲルにとって記号の過程はそれ自体ひとつの揚棄である。「さしあたり直接的に与えられたものであり空間的なものである直観は、それが記号として用いられる限り、単に揚棄されたものとしてあるという本質的規定を受ける。[7]」

「竪坑とピラミッド」でデリダは、この一節を引用し、翻訳しつつ、ここに割注を入れて注釈を加える。

> 「揚棄されたものとしてある（als aufgegebene zu sein）」とは〔「同時に高められ〔élevée〕かつ廃棄される〔supprimée〕」ことである。それをこれからは *relevée* と言おう。その意味は、同時に、高められるとともにその職務から交替させられる〔élevé et relevé de ses fonctions〕こと、ある種の昇進において、後を継ぐもの、引き継ぎをする〔prendre la relève〕ものに取って替わられるということである。この意味で、記号は感性的＝空間的直観の引き継ぎ＝揚棄〔relève〕である[8]〕。

揚棄された空間は時間であるから、感性的かつ空間的な直観の揚棄である記号は必然的に時間的なものになる。ここで言われる感性的＝空間的直観の内容は、現代言語学の用語に置き換えれば能記（signifiant）ということになろう。能記はひとたび所記を、意味を伝達したのち、それを維持し、またおのれを維持しつつ、消滅すべきものである。このような揚棄はただ時間のうちに、むしろ時間として、その通路（passage）を見いだす。しかるに、時間として産出されるにもっとも適した表出実体は音である。

そこで直観のより真なる形式は記号であるが、それは時間における定在である——それは定在が現にありながら消え去ることであり、そしてさらに外的かつ心理的な規定性からすれば、知性自体の（人間学的な）自然性から生まれた、知性によって措定された存在〔Gesetztsein〕——すなわち音であり、おのれを知らせる内面性の充実した表出である。(9)

記号の表出実体としての音の卓越性は、このように、揚棄の論理に従って厳密に導出される。ヘーゲル体系においてパロールのエクリチュールに対する優位は、つねにこの論理によって正当化されている。デリダは言う。

音声言語、パロールは、内部を外部にもたらすが、とはいえエクリチュールのように遺棄はしない。内部を外に向けて発するまさにそのときにもそれをおのれのうちに保持するパロールは、内的表象に外的存在〔existence〕を、現前〔定在 Dasein〕を付与し、概念〔所記〕を外に存在せしめる。だが同時に、それが感覚的＝空間的直観の所与である定在を内化し時間化する限りで、言語は外的存在そのものを高め、その真理へと揚棄し、そのようにして現前のある種の昇進を産出する。(10)

この同じ論理がまた、エクリチュールに関する考察では、象形文字に対する表音文字、アルファベットの優位を結論づける。象形文字のヘーゲル的な規定は、ライプニッツが漢字に想を得て構想した、非表音文字で構成された普遍言語に対する彼の形式主義批判と表裏の関係にある。ヘーゲルによれば、象形文字が空間的表象の「予備的分析」にもとづくのに対し、表音文字は感性的記号の「直接的分析」にもとづく。後者だけが、「声における音と意味の統一を担う、単純かつ還元不可能な、完全な単位」としての「語」、とりわけ「名」を、要素への分解の危険から守りうるとされるのである。表音文字が「もっとも知性的」なのは、「表象を外化するための、知性にもっともふさわしい適切な仕方である語が、意識にもたらされ反省の対象となる」からである。「表音文字はこうして音声言語の特権を保持する。それはこのいずれにおいても表象が名を、それに固有なものとして持つためである。(11)」

三　晩餐

このような「エクリチュール間の目的論的階層秩序」の主張が、ヘーゲル哲学において脱構築がもっとも強い抵抗を示す点であることは言うまでもない。ここでは脱構築は限りなく批判に接近する。しかし、ここでも事情は単純ではない。というのも、体系完成期にこのように作用する揚棄の論理には、それ自体の「歴史」があるからだ。『弔鐘』でデリダは、青年期の著作に後年の展開へと向かう契機を見るような目的論的読解を、原則として、「受け入れることも、拒否することもできない」と述べる。みずから「私生児的足取り」(démarche bâtarde)と呼ぶその論の運びをここで形式化することはできないけれども、それが次のような基本認識にもとづくことは確認しておきたい。

揚棄は規定されたものでもなく、その無差別な一般性がどんな契機にも適用される形式的構造でもない。それはそれ自身の提示の、差異化する規定の歴史であり、生成であって、それは法則に従属しているが、それはそれがその法則であるところのものと同じ法則なのである。すなわち、それはまず直接的なものとして与えられ、続いておのれを否定し、媒介される等々。それがその法であるものの法に従属しているということ、それがヘーゲル

体系の構造に、到底一筋縄ではいかない、容易につかみがたい形態を付与する。(12)

これ以後本稿では、さきほど瞥見したヘーゲル記号論の萌芽とみなしうる議論が、青年期の著作『キリスト教の精神とその運命』にどのような形で現れてくるかを、『弔鐘』におけるデリダの分析を参照しつつ、限られた紙幅の範囲で見ていくことにする。

『弔鐘』におけるデリダのヘーゲル論は家族の問いを軸に展開する。それは家族が、ヘーゲル哲学において、体系の一契機であるとともに体系全体の表象でもあるという、特殊な位置を占めているためである。体系の一契機としては、それは人倫の第一の契機であるが(『法哲学』『エンチュクロペディー』)、同時に、絶対宗教としてのキリスト教が絶対知の表象である限りで(『精神現象学』)、それは体系全体の表象でもある。家族のこの二重の標記、言い換えれば、二つの家族の、有限な家族と無限な家族の関係の分析が、このフランクフルト期のキリスト教論を重視するデリダの論の主眼となる。

『キリスト教の精神とその運命』は、ユダヤ教とキリスト教の関係を、すでにヘーゲル固有と呼びうる概念構成にもとづいて、多面的かつ綿密に論じている。ヘーゲルによれば、ユダヤ教は神と人間の関係を主人と奴隷の関係として表象する。キリスト教はこの表象に、父と子の関係を対置する。主人と奴隷の間にはなく父と子の間にはあるもの、それが「愛」にほかならない。

ヘーゲルは福音書が、さまざまな愛の様態を、段階的に語っていることを示す。イエスの足をみずからの髪で拭うマグダラのマリアには、罪を赦す愛の本質が看取される。しかし、この愛は限定された形態を欠いている点で「まだ不完全な自然である。」愛が宗教へと高まるには、ある限定された客観性を獲得しなければならない。最後の晩餐におけるイエスと弟子たちの共食は、彼によれば、愛がその客体化に向かう最初の運動を構成する。

愛はまだ宗教ではない。したがってこの晩餐も本来の宗教行為ではない。なぜなら、愛における合一が想像力によって客体化されたものにしてはじめて、宗教的礼拝の対象たりうるからである。ところが、晩餐の場合には、愛そのものが生きており、自己を表明している。その際の行為はすべて、愛の表現にほかならない。愛そのものは、ただ感情として現存しているにすぎず、同時に形象としてあるわけではない。すなわちこの感情とその表象が、想像のはたらきによって合一されていない。もっともこの晩餐の場合にも客体的なものが登場しており、またこれに感情が結びついてもいるのだが、しかしその感情は、これと合一して一なる形象をなしているわけではない。それゆえこの晩餐は友愛の会食と宗教行為の間を浮動しており、この浮動がこの晩餐の精神を明示しにくくさせているのであ

る。(13)

他者なき愛は対立を知らない。ゆえに無限である。そのときどんな愛することも神を愛することに等しい。他方で愛は家族の感性的中心であるから、ヘーゲル的家族はその中心に無限の炉床を持っていることになる。ヘーゲル体系に二重に標記される家族、有限の家族(体系の一契機)と無限の家族(体系全体の表象)は、したがって、単純に区別されるものではない。このことからデリダは以下のような帰結を引き出す。

もはや、有限な家族と無限な家族とを、厳密に区別することはできない。人間的家族は、神的家族と、別のものではない。人間の父の息子への関係は、神の父の息子への関係と別のものではない。この二つの関係は区別されないのだから、まして対立はしないのだから、一方のうちに他方の形象ないし隠喩を見るふりをすることはできない。一方を他方になぞらえること、比喩の一方の項が何でありうるかを、他方の項より前に知っているふりをすることはできない。キリスト教の外部では、父のその息子への関係が、さらには彼の子供たち(だが、この拡張は留保しておこう)への関係が、何であるかを知ることはできない。これから見るように、キリスト教の外では、である〔est〕一般が何であるかを知ることさえできない。これがヘーゲル的命題である、キリスト教の精神についての、すなわち、レトリックについての。[14]

弟子たちの前でイエスが「これは私の身体である」「これは私の血である」と言うとき、彼は何をしているのか？　イエスは何を、〈これ〉、〈このもの〉と呼ぶのか？　パンであり、葡萄酒であり、それと同時に自分の身体であり、個体性、有限性である。しかし、それがここでは、記号でも、比喩でも、寓意でもないことが理解されなければならない。記号であれば、その能記と所記を結ぶものは、ソシュールの用語では「恣意性」とも呼ばれる約定であり、外的、客観的な紐帯であろう。しかし、人々が飲食を共にするとき、そこで生じる結合はそのような意味での記号ではない。アラブ人が異邦人と一杯のコーヒーを飲んで友愛の契約を交わすとき、そのことはすでに生じている。「それ自体感じられる」この「結合の行為」（Vereinigung）は、飲食を共にするとき、第三項としては消滅する。

晩餐におけるイエスの言葉は、このような「結合の行為」に何ごとかを付け加える。それはある種の宣言であり、命題形式の述定による事柄の明示である。晩餐が（友）愛の行為を超出するのはイエスのこの言語行為によってであり、この場面はそのとき、なお不十分であれ、宗教に向かう客観性を生み出すのである。そして、判断の形を取るこの言表の紐帯をなすのは存在動詞の繋辞である。

紐帯の、繋辞（番《つがい》）の、そして対《つい》の出現が、感情の内面性を超過する対象を産出する。判断の形をしたこの宣言、プラス、一緒に飲食するためにパンと葡萄酒を分有すること、分割することが、感情をそれ自身の外へ追い出し、「一部客観的にする。(15)」

四　愛の精神——読むこと

こうして産出される客観性は独特の性質を持つ。たしかに内面的な感情はイエスの言葉によって客観的、可視的になるが、このパンと葡萄酒の分有は、単に客観的なのではない。仮にこの場に第三者が居合わせたとしたら、そこにごく通常の会食の風景しか見ないだろう。この場面には会食者だけが内側から経験する、単に眼に見える以上の何かがある。ヘーゲルは、この〈それ以上のもの〉が、比喩ないし類比では捉えられないことを力説する。パンあるいは葡萄酒が分割されかつ分有されるのと同様に（gleichwie）、あなた方は個別でありかつ愛のうちでひとつであるという式の類比の論理によっては、それは捉えられない。比喩とは多様なものの間の同等性を開示するものであるが、晩餐の結合においては、その前提をなす多様性そのものが、同等性の可能性ともども落下し消滅するからである(denn in dieser Verbindung fällt die Verschiedenheit weg, also auch die Möglichkeit der Vergleichung)(16)。

この〈それ以上のもの〉もやはりある「感情」である。しかしそれは、さきほど見た、存在動詞の繋辞によって客観化される感情、アラブ人が異邦人とコーヒーを飲み交わすことで結ぶ友愛と本質を同じくするような感情とはさらに別のものである。イエスがパンと葡萄酒を彼の身体、血と名づけ、それらが神秘的な対象になるとき、「享楽」(Genuß)とも呼ばれるその「感情(感覚 Empfindung)」が、直接それらにともなうことになる。

この新たな「感情」が出現するのは、葡萄酒が「血」とされるばかりでなく、さらに「血」が「精神」ともされるときである。人々はこの「血」を、罪を超えてその上へと高まるために飲む。そのときそれは彼らのうちに「侵入する」。このようにして交わされるのは、いずれ「父」のもとで、ふたたびイエスとともになすべき「生命」の共食の契約である。それはひとつの贈与であるが、現在において与えられる贈与ではなく贈与の約束である。それはひとつの供犠であるが、功利的な交換の原理に従う供犠ではなく「侵入される」にまかせることである。デリダはこの一節に「侵入する」durchdringen という動詞が三回続けて用いられていることを指摘して、ここにある種の性的な幻想を読み込んでいることを隠さない。

イエスが弟子たちに――まずヨハネ（Jean）に――侵入し、父がイエスに、そして彼を通して弟子たちに――最初にヨハネに――侵入するこの同一化的侵入は、第一段階で主観化し、次に客観化し、経口摂取によってふたたび主観化する。飲食は、内化し、理念化し、揚棄する。(17)

ここで『弔鐘』におけるヘーゲル研究が、ジャン・ジュネの作品読解と、合わせ鏡の関係に置かれていることを想起しなければならない。ヘーゲルの著作のほとんど逐語的な解釈が、しばしば、突然、ジュネの作品世界に横溢するホモエロティシズムに照射される。ジュネの作品にも福音書のさまざまなパロディ的変形が看取されるが、デリダが関心を寄せるのは、この二つの絶対的に異質なテクストが、同じ母型にその源を有することである。ここにはデリダのヘーゲルに対する関係の、一般的な研究の枠に収まらない、ある熱い次元が、通常の学問的論証の限界を逸脱していく局面のひとつが露呈している。ヘーゲル――。

（……）葡萄酒が血であるだけではない。その血はまた精神である。共同の酒杯で、共同で飲むものは、新しい契約の精神であり、この精神が多くの者に侵入する〔der Geist eines neuen Bundes, der viele durchdringt〕。多くの生命は、この精神において飲むことで、彼らの罪を超えて高められる。「私の父の国で新しい生命をあなたがたとともにふたたび飲むかの成就の日までは、私はもはや、葡萄の実から造られたこのものを飲むことはないだろう。」イエスの流された血とその弟子たちとの連関は、その血——彼らにとって客体的なものとしてのその血——が、彼らの至福のために、彼らの利益となるために流されたというようなものではない。そうではなく、（……）その連関は、皆が同じ酒杯から飲む葡萄酒——皆のためにあり、また同一であるその葡萄酒——の、皆に対する関係なのである。彼らは皆飲む者であり、一つの同じ感情が皆のうちにあり、同じ愛の精神に皆が侵入されている〔vom gleichen Geiste der Liebe sind alle durchdrungen〕。もしもこれが、肉体を犠牲にし、血を流すことによって生まれた利益や至福に彼らが平等にあずかったというのであれば、彼らはこの点で、ただ同一の概念において統一されているにすぎないことになるだろう。しかし、彼らがパンを食べ、葡萄酒を飲み、イエスの身体と血が彼らのうちに行き渡ることによって、イエスは皆のうちにあり、そして彼の本質は、愛となって神的に彼らに侵入したのである〔so ist Jesus in allen, und sein Wesen hat sie göttlich, als Liebe durchdrungen〕[18]。

ヘーゲルの福音書解釈に働いている、このような口からのファロス的侵入の幻想の想定は、しかし、この一節に関するデリダの分析の最終的な到達点ではない。ヘーゲルはさらに、「愛の精神」によるこの侵入的同一化を、言語の運動に、さらには書かれたものを読む行為に比較する。この最後の展開こそが、体系完成期の記号論の背後に、ある深刻な存在―神学的前提が控えていることを垣間見させるのである。

しかし、客体化された愛、事物となったこの主体的なものは、ふたたびその本性へと還帰する。すなわち、それを食べることによって、ふたたび主体的なものとなるのである。この点でこの還帰の運動は、いわば、書かれた言葉という形で物と化した思想が、読むことによって、死せるものとしての客体からその主体性をふたたび取り戻すことに比せられるだろう〔verglichen werden〕。その書かれた言葉が読みたどられ〔拾い集められ aufgelesen〕、理解されることによって、物としての姿を失うとすれば、この比較はさらに適切なものとなるだろう。すなわち同様に、パンと葡萄酒を享楽する場合も、それによってこれらの神秘的な客体について感情が喚起され、精神が生き生きとするばかりでなく、これらのもの自体が、客体としては姿を消すのである。(19)

食べることと読むことのこの類比は、さきほど見たように、ヘーゲルがこの一節で、晩餐における共食を、いっさいの比喩と類比の論理から引き去ろうと腐心してきただけにいっそう注目にあたいする。この一節を整合的に読むためには、読むこととのこの比較には、他の比較とは比較を絶するある特別の地位が暗黙に与えられていると考えなければならない。ここで「書かれた言葉」(das geschriebene Wort) と言われているものは表音文字以外ではありえない。読まれ、理解されることで「物としての姿を失う」(als Ding verschwände) とは、空間から時間に、文字から音に、音から意味に、能記から所記に、身体から精神に、揚棄されるがままになることを意味するからである。

神秘的対象は食べられることでふたたび主観化される。しかし、宗教的対象としては破壊される。ここでデリダが注目するのはこの対象の神性の不安定さ (précaire) である。それは内化され、対象性を喪失し、消化されればふたたび自然化されるだろう。反対に消化されなくても、やはりその神性を失うだろう。ゆえにそれは「嚥下と吐瀉の間」にあり、「固体でもなければ液体でもなく、外部でもなければ内部でもない」[20] と言われるのである。

それでは読むことにおいて、神秘的対象のこの不安定な神性に相当するものは何だろうか？デリダはそれを「テクスト」と呼ぶ。彼にとってはヘーゲルの著作も「テクスト」であり、その限りで揚棄する読みに抵抗する。おそらくは、aufheben という語をはじめとして。デリダが晩年のある講演で述べたように揚棄がひとつの翻訳だとしても[20]、ヘーゲルと署名された「テクスト」は翻訳に抵抗する。脱構築的思考はこの「テクスト」に、つねに翻訳によってかかわりつつ、その翻訳への抵抗に応答するのである。

レジスタンスを愛すること――『精神分析の抵抗』

本書、Jacques Derrida, *Résistances — de la psychanalyse*, Galilée, 1996 に収められた論考はいずれも公開の講演をもとにしたものであるが、短い「はしがき」で著者が指摘する通り、この三編が一冊の書物に編まれることで、「精神分析」という共通の主題と、「抵抗」という共通のモチーフが浮かび上がることになった。言うまでもないが、このとき照らし出されるのは、フロイト、ラカン、フーコーの三者が、「精神分析」という営為と、そして「抵抗」という言葉および概念と、それぞれどのようなかかわりを持ったかということばかりではなく、論者デリダ自身のこの営為、この言葉／概念に対する、きわめて複雑な位置取りでもある。

最初の論考「抵抗」でデリダは、この言葉への、歴史的かつ自伝的な愛好を表明している。それはまず、一九四〇年六月のフランスの軍事的敗北以後、ドイツ占領下で多大な犠牲を強いられながら組織され遂行された抵抗運動、大文字の Résistance であり、当時十代前半のデリダは、ドイツ兵のいないフランス植民地アルジェリアで、この言葉に、この言葉のもとに伝えられる出来事の数々に、深く心を揺さぶられていたらしい。それは同世代の、他の多くのフランス人の少年とも共通の体験であったろう。しかし、彼にとってそれは、すでにある固有な言語経験でもあった。résistance は、『たった一つの、私のものではない言葉』[1]で委細を尽くして語られた「母語」フランス語への屈折した愛の、一つの焦点を形成する言葉ともなったらしい。そして、後年の彼の仕事において、「多くの他の意味」を、「徳」を、「意味論的ないし散種的チャンスの数々」を、「磁石のように」「引きつける」ことになる。このような事態は、この言葉が示す「翻訳」への抵抗、他の言語への言語間翻訳以前に、フランス語の他の言葉による言語内翻訳への抵抗によってしか起こりえない。résistance という言葉そのものの抵抗——本書の三編の論考を横断するものがあるとすれば、第一にそれは、なんらかの戦略的概念ではなく、résistance という言葉のこのような抵抗に対する、ある深い〈信〉であり〈愛〉であると言うべきだろう。

　本書の表題となった複数形の Résistances は、最初の論考の表題をそのまま採用したものだが、三編の論考を覆う表題とされたことで、この複数形はまた新たな意味を宿すことになった。フロイト、ラカン、フーコー、けっして誤解されてはならないことだが、デリダにとってこの三者は、まずはまったく肯定的な意味で「抵抗者」なのである。複数形の Résistances は、単行本の表題としては、第一に、この三者による三様の抵抗を指示していると考えることができる。時代の支配的な傾向に対する独創的な知的抵抗の思考者、発明者、組織者、実践者として、デリダはこの三者にまじり気のない共感、賞讃、尊敬を惜しまない。世代の異なるフロイトに対するのと、同時代を生き、深刻な葛藤を含む交流を持ったラカンおよびフーコーに対するのとでは、この基本姿勢の表現の仕方に差異が出てくるのは当然である。しかし、この三編の論考におけるどんな批評的、脱構築的読解も、この基本姿勢の上に、それを前提として提出されているのであり、このことは読者の側の個々の論点の理解にとってもどうでもよいことではないだろう。一言で言えば、通常私たちが批判なり論争という言葉で理解していることとは別の何ごとかがここでは演じられているのであり、そのことは後に見るように、デリダによる抵抗の思考とも切り離すことはできないのである。

しかし、第二に、ふたたび本書の短い「はしがき」によるならば、本書の表題の複数形は、また、けっして単純に肯定的とは言えない二つの抵抗を指示してもいる。それは、一方における「精神分析への抵抗」であり、他方における「精神分析の、それ自身に対する抵抗」である。デリダの仮設は、この二つの抵抗が、現在、対立するよりはむしろ奇妙な連合を形成し、精神分析の深まりつつある危機を、いわば「外」と「内」から規定しているというものである。そして、彼によれば、「精神分析の、それ自身に対する抵抗」は、フロイト自身の「精神分析への抵抗」という概念そのもののうちですでに働いていたのであり、他方、フーコーの仕事に複雑な形で観察される「精神分析への抵抗」は、近年の新たな、「精妙で洗練され」た、「発明的な」「精神分析への抵抗」に通じるものがある。そして、ラカン理論のある種の教条的定式化は、「精神分析の、それ自身に対する抵抗」の、やはり「発明的」な形態を生み出しうる。それが回帰する「精神分析への抵抗」と、われ知らずひそかな同盟を結んでいないという保証はないのである。

デリダ自身は、それでは、この二つの抵抗の交差のなかで、みずからの位置をどのように標定していたのだろうか。デリダの精神分析への関係も、フーコーにおとらず両義的である。しかし、フーコーが「狂気の歴史」や「知の考古学」、さらには「性の歴史」というみずからの企図の可能性の条件として精神分析を明示的に位置づけることに消極的だったのに対し、デリダはフロイトの精神分析が脱構築という企図にとって不可欠の条件をなすことを、遅くとも『グラマトロジーについて』(一九六七)では積極的に認めていた。「フロイトとエクリチュールの舞台」(一九六三)以来、そして『絵葉書』(一九八〇)に収められることになる一九七〇年代のいくつかの重要な作業、とりわけフロイトおよびラカンのテクストの精緻な読解を通して、精神分析とのいわば「接近戦」を演じてきたのである。メラニー・クラインの翻訳者である夫人マルグリット・デリダ、雑誌『コンフロンタシオン』で精神分析と脱構築の生産的対話の促進を図ったルネ・マジョールをはじめ、彼には多くの精神分析家の友があり、彼女ら、彼らとの対話を通してデリダはつねに精神分析の現状に、けっして他人事ではない顧慮を払ってきた。その姿勢は、『アーカイヴの病』(2)や『精神分析の弱気』(3)など、九〇年代以降の著作ではいっそう鮮明になっていった。分析を受けて分析共同体の一員となることなく、したがって「精神分析への抵抗」のある姿勢を崩すことなく、それでいて彼は、「精神分析の友」ともいうべき立場を発見ないし発明し、終生それを貫いたといえよう。フロイトあるいはラカンのテクストのうちに、「精神分析の、それ自身に対する抵抗」を発見すること、それを仮設として言明することは、それがどんな傷口を開くことになったにせよ、彼にとっては、「友」としての行為であることに変わりはなかった。これらの挙措にはらまれた友愛の情動が感知されないとすれば、それは読者の側に、すでに、なんらかの「抵抗」が働いている徴候であろう。

第一の論考「抵抗」は、「分析」の観念をめぐるフランス゠ペルー国際コロックにおける発表であり、ペルー・カトリック大学のドイツ哲学研究者ミゲル・ジウスティによる直前の講演「分析と弁証法――合理性の観念についてのトポス論的討論」を受け、この講演の哲学史的議論を繰り返し肯定的に参照しつつ、精神分析によって発明し直された新たな分析概念を、哲学的分析概念との対比を通して分析していく。ジウスティの講演は、『エンチュクロペディー』

および『論理学』におけるヘーゲルの分析批判の含意を、分析と総合、分析論と弁証論という二重の区別をアリストテレスの『トピカ』および『分析前書』『分析後書』にまで遡って検討することで解明しようとしたもので、その冒頭にはゲーテの『ファウスト』からのメフィストフェレスの言葉が引かれていた。デリダの講演は、この同じ『ファウスト』の一節を末尾に引用することで、みずからの講演をジウスティのそれの「木霊」のように示すとともに、当の『ファウスト』の場面が、メフィストフェレスが学生によってファウスト博士と取り違えられることに端を発していることを踏まえて、フロイトのテクストに即した「分析への抵抗」の概念の分析が、反復強迫のある悪魔的性格に行き当たる必然性、そのとき抵抗概念の意味論上の核が、どんな抵抗にも意味があるというその前提そのものが脱構築されることになる必然性を、周到な遂行的所作を通して示そうとしたものである。

第二の論考「ラカンの愛に叶わんがために」は、ユネスコ主催のコロック『哲学者たちとともなるラカン』において、ルネ・マジョール「ラカン以降―」およびスティーヴン・メルヴィル「ラカン以降?」という二つの発表への応答として生まれたテクストであり、こちらもやはり、「準‐即興」的であると同時に、ある遂行的性格を備えている。〈哲学者たちとともなるラカン〉、Lacan avec les philosophes というコロックのタイトルは、言うまでもなく、『エクリ』所収の「サドとともなるカント」(「カントとサド」、Kant avec Sade)を踏まえたものだが、デリダはこの avec に注意を促し、故人であるラカンと〈ともに〉あることの逆説を強調しながら、彼がラカンとともに過ごしたわずかな時間、両者が交わしたわずかな言葉を伝え、ラカンから示されたと彼が考える〈愛〉への応答を試みる。この応答の論理は、ラカンが精神分析家、デリダが哲学者という通念そのものを問いに付し、ラカン理論のある哲学的規定性と脱構築のある非哲学性が、両者の関係を交差配列的に多元決定しているという仮設と不可分である。この仮設のうえに、後期ラカンにおけるエクリチュール概念の変化や、デリダが分析を受けていることを想定したラカンの発言などから、ラカンのデリダ受容とも言うべき〈語られなかったこと〉の輪郭が探られていく。分析家、非分析家の多くのラカニアンを前にしたこの発表では、ラカン「盗まれた手紙のセミネール」をめぐるデリダの論考「真理の配達人」以来明らかとなった、「文字」の分割可能性の仮設をはじめとする、両者を隔てる、その多くがすでに語られてきた事柄がもれなく想起されながらも、同時に、これまでほとんど語られてこなかった、あるいは誤認されてきた両者の〈近さ〉、むしろ接近と疎隔の運動を感じられるようにすることに、少なくとも同等の意がもちいられているように思われる。

第三の論考「フロイトに公正であること」は『狂気の歴史』刊行三〇周年記念シンポジウムにおける講演であるが、この論考に、故人との葛藤の記憶がより深く刻まれていることは、一九六三年のデリダの「コギトと『狂気の歴史』」に対するフーコーの九年後の応答、「私の身体、この紙、この炉」の激烈さを思えばなんら不思議ではないだろう。ここではデリダは、ラカンに対する以上に、フーコーとの過去の論争の詳細に、直接的に回帰することをみずからに禁じている。そのかわり、フーコーの仕事と精神分析の関係をめぐる、ある独自のアプローチを試みる。『狂気の歴史』の「蝶番」をなす場所に現れるフロイトの名が、フーコーの著作の様々な場所で、ある時は狂気との対話を開く側に、ある時は閉ざす側に位置づけられていることを指摘し、その振り子運動を統べる法則に似たものを考察することがここで彼がみずからに課した主要な作業となる。フロイトは狂気を病理現象とみなす実証主義的心理学と訣別し狂気との対話を再開したが、それを彼は、狂気が理性の他者、非理性として監禁された古典主義時代へのある回帰の運動によって実現したとフーコーは考える。この理解によるならば、精神分析にはある種の「新デカルト主義」が内在していることになるだろう。この観察を介してデリダは、『狂気の歴史』、より一般にはフーコーの仕事総体の可能性の条件としての精神分析の歴史的位置の問いを、「コギトと『狂気の歴史』」におけるデカルト読解をめぐる過去の論争の文脈に、間接的に結びつけていく。かつて彼の論の後半の焦点をデカルト読解に絞った理由のひとつが、すでに、六〇年代前半のラカンによるデカルト評価を見据えたうえでの対応だったことなども、おそらくはここで初めて明かされた大切なポイントであろう。

この三編の論考を通じて、抵抗の問いは理性の問いと分かち難く結ばれている。論争において正しいこと、フランス語で「理性を持つ」avoir raison と言われることを、デリダは、アプリオリに望ましいこととは考えていなかった。第一の論考でフロイトの『夢解釈』における「イルマの注射の夢」に即して論じられているように、「正しいこと」が広義の力関係や誘惑の力学と、そして性差の問いと無縁であることはまれであるならば、脱構築は、「正しさ」と「強さ」の主権的な共犯性にも触れざるをえない。ある種の「正しさ」への抵抗を、脱構築は必要とする。その抵抗が、ときに、ある種の「愚かさ」に似通うことさえあるとしても。その意味で本書は、デリダが理解していた脱構築とはどのような出来事であるかを実例をもって示す、入門書的な性格をも兼ね備えていると言えるかも知れない。

葬送不可能なもの――『マルクスの亡霊たち』

「死者をして死者を葬らしめよ。」『マルクスの亡霊たち』の数ある可能な読み方の一つは、この書の全編を、イエスのものとされるこの言葉と、マルクスによる、さらにはマルクスの左翼的後継者の全世代による、その慣用的解釈とレトリック的使用に対する、慎重に準備され周到に組織された、そしてまた抑制された友愛に浸透されてもいる、深刻で精妙な留保の挙措と考えることかも知れない。なぜなら、この同じ言葉の同じ解釈は、当のマルクスに、本書刊行の年である一九九三年、いわゆる冷戦の終焉期のはるか前から、すでに、差し向けられていたからである。一九六八年の高潮ののち、自称・他称の「マルクス葬送派」は、一九七〇年代後半には、フランスでも、日本でも、すでに大きな潮流をなしていた。本書の終わり近くでデリダは言う。

> たとえそれを欲したとしても、死者に死者を葬ることを任せることはできないだろう。それは意味を持たず、不可能である。ただ死すべき者たちだけが、生き神ではない生ける者たちだけが死者を葬ることができるのである。生ける者だけが死者のために通夜をし〔veiller〕、端的に注意をする〔veiller〕ことができる。幽霊たちもまたそれをすることができ、彼らは注意しているいたる所にいるが、死者にはそれができない——それは不可能であり、できるようであってはならないだろう。
>
> この無底の不可能事がそれでも場を持ちうるということ、それこそ逆に破滅もしくは絶対的な灰であり、思考すべき、そして依然として悪魔祓いしなければならない——違うだろうか？——脅威である。[1]（強調原文）

マルクス主義あるいは共産主義の「亡霊」に対する新自由主義的＝新ヘーゲル主義的悪魔払い（フランシス・フクヤマ）に抗して、マルクス自身による「幽霊」の悪魔払いの諸相を分析すること——本書の企図のこの根本的な両義性は、一面では、この作業の歴史的な必然性に由来する。シェイクスピア『ハムレット』のある戦略的読解で幕を落とし、ブランショ「マルクスの三つの言葉」からマルクス的テクストの内的異他性と「厳命」のモチーフ（マルクスにおけるヘーゲルからカントへ回帰する線）を引き出し、ハイデガー「アナクシマンドロスの言葉」の検討を通して The time is out of joint というハムレットの嘆きの言葉を到来すべき正義の条件へと転化したうえで、現代世界の「傷口」を（『共産党宣言』、『出エジプト記』の十の災い、モーセの十戒、アリストテレスの範疇表、『ドイツ・イデオロギー』の十個の幽霊への五重の参照のもとに）十点に絞り込み、「新しいインターナショナル」到来への祈願に場を与え、メシア主義なきメシア性の思考とコーラの唯物論の必要性を説く――本書のこの長い助走は著作全体の半ばを超え、原書で実に一五〇頁に及ぶ。言い換えれば、本書でデリダが企図したのはマルクス思想の総体的検討というよりは、マルクスのテクスト、マルクス主義的出来事、そして今日的世界という三重の歴史的独異性の輻輳を凝視して選ばれた「亡霊」というモチーフを軸に、「マルクス主義はどこへ行くのか／衰退しているのか（W(h)ither Marxism）?」という、彼が参加を求められたコロックの表題をなす問いに、ある政治的かつ哲学的な言語行為をもって緊急の応答を行うことであったと考えるべきだろう。

実際デリダは他の著作で、ここでは明示的に扱われていないマルクスの多くのテクストに触れており、その点だけからしても、本書をもってデリダのマルクス論の集大成とみなすことはできない。とはいえ、『共産党宣言』冒頭の一句に始まり、博士論文『デモクリトスの自然哲学とエピクロスの自然哲学との差異』の献辞において、ある父親的人物に向かう情動が、すでに、「亡霊」と「精神」の間で、前者の召喚と追放を通して表明されていることの指摘を経て、

『経済学批判要綱』『ルイ・ボナパルトのブリュメール十八日』『ドイツ・イデオロギー』『資本論』へと至る読解の道は、「亡霊／幽霊」というモチーフのこのコンテクストにおける焦点化を、十分正当化するに足る説得力を備えている。

ここでは特に、『ドイツ・イデオロギー』におけるマックス・シュティルナーの『唯一者とその所有』に対する長大な批判を検討した箇所に注目したい。「ドイツ・イデオロギー内部論争」と呼ばれる思想史上の出来事の紹介および研究は、この国でも、一九八〇年代から九〇年代にかけて飛躍的に進んだが、デリダは早くから、おそらくアルチュセール（派）との微妙な緊張関係のなかで、この論争に対する関心を断続的に示していた。『弔鐘』（一九七四）で『経済学・哲学草稿』『聖家族』における「批判の母」としてのヘーゲル弁証法の位置づけが検討されたのち、『ドイツ・イデオロギー』におけるカール・グリューンの「真正社会主義」批判に哲学的ナショナリズムの最初の問題化の発見が試みられたこともある（「国民人間主義の存在神学」、一九九一）。いわゆる「シュティルナー・ショック」がマルクスとエンゲルスのフォイエルバッハからの離脱の一契機となったことは現在ではほぼ定説だろうが、『ドイツ・イデオロギー』のシュティルナー批判に関しては、シュティルナーのように本質的普遍者（第二実体）ばかりでなく、シュティルナーが顕揚する唯一者（第一実体）をも、社会的諸関係からの抽象（「幽霊」）として退けるマルクスの立場を基本的に承認することがマルクス研究者の標準的解釈であるように思われる（例えば廣松渉『物象化論の構図』）。

この点でデリダは、むしろ、シュティルナー的問題構成の重要性を軽視するマルクスの、やや調子の外れた喜悦さえ含む性急な論難のうちに、論者（マルクス）の論敵（マックス）との競合的同一化、ヘーゲルの二人の「息子」、「兄弟」の間の抗争を見る。マルクスが一方では「精神」と「幽霊」の原理的区別に固執しつつ、他方では「霊」をも意味するGeistの両義性を論争の具として濫用していることは、デリダの目には問題化すべき徴候と映る。マルクスはシュティルナー的コギトを「歴史的構築物（Geschichtskonstruktion）」と看取してその「脱構築」を図るのだが、彼が論敵から奪い取り投げ返す「幽霊」という語はそのとき単なる罵倒語の域を脱し、「精神」との「差延」において、ある奇妙な準 - 概念の様相を帯びる。ルソーのテクストに「代補」を、プラトンのテクストに「パルマコン」を見出したように、マルクスのテクストにデリダは「亡霊／幽霊」を見出す。この語＝概念がマルクス的テクストのある層で一定の「恒常性」「一貫性」をもって機能していることの発見は、労働論にも、イデオロギー論にも、商品物神の分析にも、貨幣論にも、さらにはいわゆる「認識論的切断」をめぐる議論にも、少なくない帰結を生むことになるだろう。

「幽霊」は、しかし、他面では、七〇年代半ば以降顕著となった、デリダに固有な戦略的モチーフでもある。『散種』（一九七二）にすでに散見された「幽霊」の語彙は、『絵画における真理』（一九七八）所収の諸論考には頻出するようになり、そして『絵葉書』（一九八〇）には『ドイツ・イデオロギー』における「幽霊」の軽視への言及もある。『弔鐘』以後、デリダはこのモチーフの現働化に決定的に踏み切ったように思われる。マルクスの亡霊たちとデリダの亡霊たちが出会い、識別不可能になる場所で本書は成立した。デリダが目指したのは、マルクス派にも反マルクス派にも、誰にも気に入られないだろうことを確信しつつ、反時代的な不協音を正しく響かせることだった。独特の取り組み難さを持つこのテクストと長い時間をかけて向き合い、正確で読み易い訳文を彫琢してくれた訳者の労に感謝したい。

来たるべき民主主義への挨拶——『ならず者たち』

「理性論二編」という副題を持つ本書『ならず者たち』は、「強者の理性（ならず者国家はあるか？）」および「来たるべき啓蒙の「世界」（例外、計算、主権）」という二つの論文から構成されている。「前文」の注に記されているように、この二つの論文は、いずれも二〇〇二年夏に、前者は「来たるべき民主主義」（スリジィ＝ラ＝サル国際文化センター）、後者は「理性の将来、諸合理性の生成」（ニース大学）と銘打たれたコロックにおける発表をほぼそのまま収録したものである。

二〇〇二年夏。それは二〇〇一年九月十一日の出来事から一年足らずの時期にあたる。国連安保理決議にもとづき、当初は「限界なき正義」、のちに「不朽の自由」作戦と命名されたアフガニスタン戦争は、当時開戦数ヵ月を過ぎ、ターリバーン政権はすでに首都カーブルを追われていた。そして、この年初めの一般教書でイラク共和国、イラン・イスラーム共和国、朝鮮民主主義人民共和国の三国を「悪の枢軸」と断定したブッシュ米国大統領は、「反テロリズム戦争」の全世界への拡大の意志を鮮明にしていた。翌年三月、今回は国連安保理決議なしに、それどころか国際法を公然と蹂躙して、イラク戦争は強行された。アメリカ合州国と日本を含むその同盟諸国が遂行したこの一連の軍事作戦および占領政策が、アフガニスタンを、イラクを、どのような惨状に陥れたかは周知の通りである。

本書所収の第一論文、「強者の理性（ならず者国家はあるか？）」は、その二年前から計画されていた「来たるべき民主主義」を主題とするコロックにおける発表であるが、〈9・11〉後の世界情勢の急展開がなかったとしたら、内容、構成、そしておそらくは表題も、かなり異なったものになっていただろう。とはいえ本論文が、「来たるべき民主主義」をめぐる著者晩年の思考の輪郭をもっとも詳細に伝える作品であることにかわりはない。十章にわたる論の展開は容易にたどりがたく、飛躍に満ち、多岐にわたるが、それとともにある緊密な、一貫した構成に支えられてもいる。以下、簡略に各章の主要な論点を振り返りたい。

一章「自由な車輪」は、ニーチェの『ツァラトゥストラ』を想起させずにいない車輪の形象とともに幕を開ける。民主主義に先行しその条件をなすとされる永遠回帰のこの車輪は、拷問具に、民主制に本質的な交代の運動に、人民主権の自己言及性に、次々に関連づけられる。トクヴィル『アメリカにおける民主主義』に見いだされる自己原因にして自己目的としての主権的人民像と、アリストテレスのいわゆる天体神学、彼が『形而上学』で記述する「純粋現働態」、「第一動者」のエネルゲイア、「神の生」との深い類似が想起され、ヘシオドスの『神統記』が歌う時間神クロノスの息子ゼウスによる殺害が、決断の瞬間における時間の無化としての主権の起源の神話として解釈される(ちなみにヘーゲルは『歴史哲学講義』で、この同じ神話を、無際限な時間に目標を打ち込む政治共同体創設の寓意とみなしていた)。

二章「放縦と自由」は、最初にフランス絶対王政後期(「摂政時代」)の歴史から、〈車裂きの刑に処されて然るべき者〉(roué)の形象を召喚する。続いてプラトン『国家』およびアリストテレス『政治学』における民主制に関する言説が、〈エクスウシア〉(放縦)と〈エレウテリア〉(自由)の分離と結合の諸相を軸に分析される。この二人の哲学者の民主制論はいずれも自覚的に風評《ド》=臆見《クサ》を参照して展開されており、民主制がギリシャ以来、そのイデア、範型、形相の存在が疑問視される政体であったことが浮かび上がる。民主制と自由との古来の不可分性は、根源的には、この政体の概念が概念なき概念ともいうべきものであり、その核心に還元不可能な遊動の空間が開いていることに由来する。

三章「民主制の他者、代わるがわる――代替と交代」では、民主的なものと政治的なものの外延が重なりつつある現下の世界化過程において、民主主義に公然と異を唱える少数の政治体制を生み出した宗教文化として、イスラームが投げかける問いが焦点化される。アリストテレス『政治学』の不在という、イスラームによるギリシャ哲学の翻訳・受容にかかわる根本的な問い、また、アラブ語訳ギリシャ文献やイスラーム哲学のラテン・キリスト教世界への浸透が西洋近代主権論の形成に及ぼした影響の有無など、深刻で困難な検討課題が提示される。続いて、アルジェリアにおける国会議員選挙が、イスラーム救済戦線（ＦＩＳ）の政権獲得を阻止するため、一九九二年一月、軍事クーデターによって中断された事例を参照しつつ、民主的〈交代〉が民主主義のその他者による〈代替〉と〈交替〉する危険、しかしまた、この危険を回避しようとして民主主義が自殺的な自己否定に陥る危険が、〈9・11〉の出来事とそれに続く事態まで含め、民主主義に、さらには生一般に内在的な自己免疫性の構造として記述される。そして、民主主義に固有の、時間＝空間的なさまざまな自己免疫的転送作用が、差延の運動として分析されていく。

　四章、五章では、ジャン＝リュック・ナンシーの『自由の経験』のほとんど逐語的な読解を通して、民衆権力としてのデモクラシーと脱構築的な自由の思考の、逆説に富んだ諸関係が考察される。まず四章「支配《メトリーズ》と計量《メトリック》」では、計量不可能性としての前主体的な自由と、なんらかの計量＝尺度（mesure）を不可欠とする統治形態としての政治的なもの、民主的なものの関係が問われる。ナンシーが繰り返し彫琢してきた分割＝分有（partage）の思考の系譜を、デリダはアリストテレス『政治学』のデモス誕生の場面まで遡行する。そこでは自由と平等、あるいは「数による平等」と「長所による平等」の相克以前に、ある点で等しい者たちが自分たちをあらゆる点で等しいとみなす「想像」「信憑」にデモス生成のメカニズムが求められる。この「ある点」とは彼らが「同様に自由である」ことであるが、ここでは自由が平等の尺度であるとともに平等が自由の内在的部分をなすために、この平等はもはや計算可能ではない。デリダはナンシーが「困難」と呼ぶこの構造をさらに強調し、民主主義にとって構成的な「不可能性」「アポリア」として再定式化する。そして、自由を「物の力」として論じるナンシーの所説を尖鋭化しつつ、民主主義を、動物、植物、無生物にまで及ぼす思考の方向を示唆するのである。続く五章「自由、平等、兄弟愛」では、計量不可能な自由ないし平等の分割＝分有を「兄弟愛」と呼ぼうとするナンシーの姿勢に対し、前章以上に明確な留保が向けられる。とりわけ、フロイト『トーテムとタブー』を彷彿とさせる、「共通の実体」としての「消滅した父」の、兄弟たる息子たちの間での分割＝分有に関する議論が批判的な分析の対象となり、また、「誕生＝生まれ」のモチーフについても危惧が表明される。

六章の表題「私が後を追う、私がそれであるならず者」(Le voyou que je suis) は、一九九七年にやはりスリジィで行われたコロック「自伝的動物」におけるデリダの発表、「私は動物を追う、ゆえに私は(動物で)ある」(«L'animal que donc je suis») を思い出させる。ここで関心が寄せられるのは兄弟ならざる者、非-兄弟、非-市民、非-国民等として名指され弾劾される「ならず者」の形象であり、とりわけそのフランス語の表現、voyouの意味論、語用論の歴史的・政治的次元である。この言葉は一八三〇年、初期資本主義社会の都市生活のなかで生まれた。語源的には〈道〉voieから派生したとする説が有力であり、その出自からして民衆的な表現である。形容詞的用法と名詞的用法があり、主体の行為を形容することも本質を規定することもある。フロベールが命名した「ならず者支配」voyoucratieとは、街路を占拠し、正常な流通路に寄生し、〈道〉への信用を低下させる権力であり、バタイユ的な至高性とも一脈通ずる対抗的主権であるが、デモスの支配としての民主主義も、当時これらの言葉を発明した人々の眼には、「ならず者支配」からけっして遠いものではなかった。

デリダは一章冒頭で、「来たるべき民主主義」の思考が不可避的に発する二つの問いが、車責めのように自分を苦しめてやまないことを告白していた。「神よ、何を言ってはならないのでしょう? 来たるべきいかなる言語で?」という不思議な表題を掲げる七章で、彼はようやくこれらの問いを明らかにする。第一の問いは、民主主義について民主的に語る可能性ないし義務にかかわる。この問いそのものがきわめて多義的かつ循環的であるために、民主主義に一義的な意味(たとえば普通選挙、議会主義、複数政党制等)を与えようとすれば、それだけですでに、法の力という政治的、主権的暴力が、「強者の理性」が発動されざるをえない。第二の問いは、「来たるべき民主主義」の思考が、政治哲学の古典的命題の反復に過ぎないのではないかという懸念である。ルソーの『社会契約論』は、民主主義は厳密な意味では実現不可能であると述べていた。そのとき民主制は、その形態の無限の多様性、可塑性のゆえに、人間的限界を超える神的能力を要求する政体と考えられていた。政治における神々、あるいは神になぞらえるべき者たちというこのモチーフは、プラトンの『政治家』と『国家』、またアリストテレスの『政治学』以来のものであり、一章でも示唆されていたように、政治神学の系譜はギリシャに発し、西洋のキリスト教化を待たずに始まっていた。そしてそのときすでに、主権の分割不可能性は、統治者の複数性と、〈交代〉の円環によって媒介されていた。神々の複数形は、しかし、同時に、散種の徴でもあり、主権的統治の彼方の「来たるべき民主主義」を予告もする。

八章「最後の／最低のならず者国家——「来たるべき民主主義」、二回回して開く」は、米英語 rogue state の仏語訳である Etat voyou の意味論的分析から始まる。デリダが本論文でこの表現を焦点化し、また voyou という語の由来にデモス再考の通路のひとつを求めた背景には、〈9・11〉後の世界情勢の展開もさることながら、それ以前に、フランスの保革共存政権のもとで、右派共和国民主連合のシラク大統領と左派社会党のジョスパン首相が、共同コミュニケで「ならず者国家」を指弾していた事実がかかわっていたらしい。「ならず者国家」の問いは、本書において、先行する諸章で扱われてきたいくつもの論脈の結節点をなしている。ここで論点は三つにしぼられる。

第一の論点は、いわゆる「ならず者国家」に対する一国的、多国的な武力行使を、超国家的水準における民主主義のアポリアとして思考することである。カントの永遠平和、「世界共和制」の構想が、民主制を、とりわけ人民主権の概念を、ことさらにその範型的地位から遠ざけていることがこのアポリアの指標となる。アポリアは「道がない」というギリシャ語に由来する言葉でありアリストテレス以来論理的難題を意味してきたが、そのような状況に固有の情動の経験としてもデリダはこの言葉を重視する。続いて、『哲学への権利』『法の力』、とりわけ『名を救う』『マルクスの亡霊たち』『友愛のポリティックス』など先行する著作における「来たるべき民主主義」への断片的言及が想起され、その含意があらためて明確にされる。とりわけ「来たるべき民主主義」の思考とカント的な統整的理念の間の、しばしば指摘される類似性に関して、ここで三点の注意が与えられていることは重要であろう。

現在一般に流布している「統整的理念」という言葉は、本来の厳密さから遊離したルーズな使われ方をしている。その場合それは無限遠点的なものであれある種の努力目標を意味し、なんらかの主体の権能に権利上属していることになる。それに対し「来たるべき民主主義」はいかなる主体の権能にも属さない。それはいっさいの可能性の条件を超える出来事として「可能ならざること」（l'impossible）であり、表象も理念化も不可能にとどまる。また、「来たるべき民主主義」は、いかなる既成の規範や規則の適用でもありえない。最後に、厳密にカント的な意味における「統整的理念」の思想を十全に受け入れるためには、彼の哲学体系の総体に同意しなければならないが、いくつもの理由からそれは不可能である。

以上の言わば消極的定義を踏まえ、続いて五つの角度から、「来たるべき民主主義」の思考の輪郭が素描される。それは、①民主主義を自認する現存のあらゆる政治体制に対する終わりなき批判の原理であり、それと同時に、民主主義の理念、概念、歴史に対する自己免疫的で徹底的な自己批判の権利である。②予見も統御も不可能な出来事を待望する。③国民国家の主権原理を超えた、しかしまた、人権思想の対抗的主権原理にも還元されない国際的政治空間の発明を要請する。④共同体的正義に抵抗し他者の秘密を無限に尊重する「継ぎ目なき正義」であり、民主主義の遺産の名において民主主義という名まで問いに付すことを辞さない。⑤〈いまここ〉の変革の緊急性を名指しつつも、現在の状況の確認でもなく到来しつつある未来の予告でもない、概念分析の事実確認性、厳命の行為遂行性、行為遂行性を超える出来事の到来へのメシア的待望の間で揺動する決定不可能性の表現として、公共空間でイロニーの権利を行使する。

「ならず者国家」の問いに導く第二の論点は、法、正義および力の間の関係にかかわる。プラトンからマキャヴェリ、ホッブズ、ラ・フォンテーヌを含む「強者の理由＝理性」の政治思想史において、ここでは理性的な法的強制の単純かつ強力な正当化の論理を含むカントの法論に、相対的に——脱構築が強く求められるという意味で——重要な位置が認められているように思われる。そして、第三の論点は、「ならず者国家」の原語である米英語の rogue state の rogue の意味論である。シェイクスピアにも見られる「乞食」「浮浪者」を意味するこの言葉の使用は十六世紀に遡るが、フランス語の voyou との顕著な違いは、rogue は人間以外の生物にも、種のエートスに反する異常な行動を示す植物ないし動物の個体にも適用可能なことである。米英語の rogue state は、かくして、敵国の非人間化を含意することになる。

九章「ならず者国家、より多く／もはやなく」では、以上の論点を踏まえ、ひとつの仮設が提示される。それは「ならず者国家」という概念の短命性の仮設である。デリダはこの概念の生成と構造を冷戦後の国連政治の文脈に位置づける。民主主義を原則とする国連総会では、脱植民地化以後、アメリカ、イスラエルおよび西洋諸国はもはや安定多数を得られない。この歴史的趨勢を背景に、ソ連邦崩壊後、主として西洋の国連常任理事国が、安全保障理事会の主権的暴力の発動を目指して、強迫的にこの表現に訴える時代が訪れた。しかし〈9・11〉は、核攻撃を含む最悪の危険はもはや国家間関係の地平では抑止不可能なことを明らかにした。また、国家の「ならず者」性がその主権的本質の核心にある以上、国際法に対する個別の違反を理由に特定の国家の「ならず者」性を断罪するレトリックの説得力は限られている。ましてクリントン政権第二期にこの概念を頻用したアメリカ合州国自体が、チョムスキーらが指摘するように、この概念に照らせばこれまでもこれからも、最大の「ならず者国家」であることは明白である以上、ブッシュの言説の好戦性にもかかわらず、この概念は今後急速にその戦略的有用性を喪失するだろう。

最終章は結論であり総括でありながら、先行する議論のすべてがこの章を踏まえて読みなおされるべきことを求める。作品の掉尾を飾る献呈の反歌《アンヴォワ》が、同時に最初の発送《アンヴォワ》でもあるゆえんである。「来たるべき民主主義・それはあらぬ時間を与えねばならぬ」という、一章に先立つ導入部で提示されていた文言が、とりわけ時間の「あらぬ」の含意が、①民主制の討議時間の有限性　②「来たるべき民主主義」の〈べき〉が含意する緊急性　③主権的決断の無時間性という三つの角度から明確にされたのち、デリダはハイデガーの『シュピーゲル』対談を取り上げる。「ただある神だけがまだわれわれを救うことができる。」「来たるべき民主主義」は、札付きの反民主主義者、「ならず者」とみなす人々もいないわけではないこの哲学者が語る「ある神」と、なおあまりに似ているのではないか。デリダはここでは、統整的理念の場合のように、両者の差異を急いで明示しようとしない。唯一神でも神々でもない「ある神」の無限定性は、「来たるべき民主主義」の「誰でもよい誰か」の任意性とたしかに奇妙な類似を示す。

だが、問いのすべては「救い」の理解にかかっている。この一見唐突な宣告を、『技術への問い』『建てる・住まう・考える』『何のための詩人たちか』などのハイデガーの論考に結ぶ糸をたぐりつつ、デリダはそこに、もはや主権的ではない無条件的なものが、無傷性、安全および健康としての〈聖〉の意味における「救済」ではない、到来または退去する他者への礼の思考が暗示されている（不可能な）可能性を仄めかす。そして、別離および／または迎接の礼である挨拶（salut）を、みずから「来たるべき民主主義」に送りつつ論を閉じる。

第二論文「来たるべき啓蒙の「世界」（例外、計算、主権）」は、「目的論と建築術——出来事の中性化」と「到来すること——国家の（そして戦争および世界戦争の）諸々の終焉に」の二章からなり、第一論文と少なからぬ主題を共有するが、構成がより明確で論旨もたどりやすい。本書の読者はまとまりのよいこちらの論文から読まれるべきかもしれない。

一章はひとつの仮設の提示から始まる。今必要なこと、哲学者が負うべき責任が「理性の名誉を救う」ことだとしたら、という仮設である。この仮設の裏には理性の挫折が切迫しているという危機の認識がある。デリダは地中海岸の都市ニースにおけるこの講演で、理性の歴史を航海になぞらえ、「座礁」と「揚陸」という海難の二つの様態を区別する。そして、名誉とは何も救えない場合でも敗北のなかでなお救うべきものであり、この場合「救う」とは救済することではなく挨拶を送ることであると述べる。

しかし、この理性の自己喪失の「危機」は、今日、むしろ理性自身の自己免疫性として読み替えられるべきではないか。フッサールが一九三〇年代にヨーロッパ的理性と諸学の危機を論じて以来何が変化したのだろうか。デリダはこの問いの展開に、五つの可能な方向性を示す。

第一に、一九三五年の講演「ヨーロッパ的人間性の危機と哲学」（通称「ウィーン講演」）でフッサールが理性の「超越論的病理学」と呼んだ認識の主観的起源の忘却、すなわち「客観主義」という「悪病」。フッサールがなお健康と病の二分法に則って下すこの診断のなかに、デリダは哲学的理性がその有限性のゆえにおのれ自身に対して冒させる「内分泌的な」危険の記述を見てとり、これを「超越論的自己免疫」と規定しなおす。純粋な合理性という無限の課題は、作業の細分化というそれ自体合理的な必然性によって忘却の危機にさらされる。一方、「理論としての哲学という無限の課題」はフッサールにとってひとつの「使命」であり、「実践的理想」としてそれ自体無条件的なものである。

第二に、この「危機」の逆説的構造。フッサールが「悪病」として批判する知の細分化、専門化、「客観主義」という非合理主義は、見方を変えれば、理性の目的論的統一に抵抗する理性の「将来」に似ている。それはカントのアンチノミーの建築術的構想における反対命題と類似した構造的位置にあり、技術科学的なものを始めとする発明の出来事性を中性化する目的論に抵抗しうる。フッサール自身ある種の啓蒙主義の「名誉の救出」を拒否するが、それは彼が、一九三〇年代のドイツおよびヨーロッパの政治的・知的状況において、保守的、反動的とみなされた啓蒙主義者と同一視されることを望まなかったからであった。

第三に、この「危機」の乗り越え可能性。合理主義の特定の様態と非合理主義とをこのように二重に批判するフッサールは、この「危機」を乗り越え可能とみなしている。そのとき彼が提唱するのは、「理性の名誉を救うこと」ではなく、「理性の英雄主義に耐えること」である。この「英雄主義」は、フッサールにおいてもカントと同様、理論理性と実践理性が後者の優位のもとに統一されうるかぎりで理性にその根拠を持つ。

第四に、「厳密さ」(rigueur)と「精密さ」(exactitude)の区別。理性が冒す危険を、フッサールは対象のイデア性の「精密さ」に、すなわちある種の計算可能性に結びつけ、他方で現象学的な必当然性には「厳密さ」を、すなわち非合理的ならざる計算不可能性を認める。このように合理的なものは計算可能なものと等価ではなく、カント的な「尊厳」についても同様のことが言える。この確認は、どちらも合理的である計算不可能な正義と、計算可能な法の、節合のための交渉の前提をなす。

第五に、無条件性。それがフッサールおよびカントにおける純粋理性の最後の拠り所であり、理論理性と実践理性を後者の優位のもとに結びつける当のものである。彼らが決定的な契機で無条件性に訴えていることは、無条件性こそが「真理の真理」であることを示す。

　問題は、したがって、この無条件的なものの経験を超越論的観念論とその目的論の外部で思考しうるか、そのための別の理性がありうるかどうかである。無条件的なものはプラトンの『国家』以来仮設なき至高性＝主権と考えられてきた。フッサールの理性論を次章の国家をめぐる考察につなぐべく、ここで「善のイデア」の四つの特徴が想起される。①「善のイデア」は比例的ロゴスによって分割された線上に、感性的なものと叡智的なものの類比関係に則って、記入されかつ抹消（記入解除 désinscrite）される。②それは「善のイデア」がロゴスと計算を秩序づけ、またおのれをそれに秩序づけながら、みずからはそれをはみ出すためである。③このような「善のイデア」には政治的なものとなりうる至高の力が認められている。それは類比関係と階層秩序を強制するとともに、そこからおのれを例外として切り離す。それは生成を産出するが生成せず、生の起源でありながら歴史に属さない。ここに西洋の偉大な合理主義が、マルクスをのぞいてけっして批判しなかった国家合理主義の起源がある。④善のイデアと太陽はプラトンによっていずれも「父」および「家産」（capital）として規定される。フッサールはウィーン講演で、同じ系譜に属するデカルトの太陽を引用しつつ、理性の力および唯一性を強調する。

　このように、プラトンからカント（その永遠平和の構想を含めて）を経てフッサールに至るまで、至高性と無条件性は不可分であった。しかし、いまこそ理性の名において、この両者を分離すべきことをデリダは提唱する。本論文の後半は、アクチュアルな状況を見据え、近年の脱構築の主要な作業を想起しつつ、この不可能な要請の内実を探る。

無条件性の経験とはたとえば無条件の歓待であり、あるいは贈与ないし赦しである。とりわけ正義は、無条件的なものとして、条件の体系である法権利とはあくまで異質である。その異質性にたどり着くには、ローマ的な法観念からギリシャ的なディケーの経験を救出しようとしたハイデガーを超えて、調和・結集としてのロゴスからも正義を解き離さなければならない。無条件的なものと条件的なもののこの苛酷な交渉において、理性はいずれの側にも位置している。この交渉はそれゆえ理性それ自体の自己免疫的なアポリアの経験であり、計算と計算不可能なものの間で「推論と議論を巡らせたうえの賭け」こそが、その名にふさわしい「理性的」なことなのである。「合理的な脱構築」は、このようにして、例えば人権の概念を、それを放棄することなく、生けるものと死せるもの、人間と動物などの限界をつねに問いなおしつつ無限に問題化するだろう。

また、事実確認的言表と区別されるべき行為遂行的言表も、その有用性にもかかわらず、それが一人称現在に限定され、既成のコンテクスト内での自己性の能力の現働化にとどまる限り、出来事の出来事性を中立化する。出来事は無防備に、受動的に「待つ」べきものである。その意味で「待つ」ことはすぐれて自己免疫的な経験であり、狭い意味での宗教に限定されない〈信〉の経験である。到来する出来事が最悪でありえ、つねに偽証がありうるからこそ、名誉をかけた誓いも可能なのである。

しかし、無条件的なものと条件的なものの交渉において理性が両側に位置しているのに対し、主権としての無条件性は分割を許容しない唯一性である。この点について最後に二点、政治的考察が提示される。

第一に、今日、国民国家的主権が陥っている状況は「危機」以上のものである。その脆弱性がとりわけあらわになるのは、戦争、敵といった古典的概念、さらにはテロリズムの概念さえ、もはや妥当性を持たないことが露呈するときである。世界化が唱えられる一方で、実際に進行しているのはかつてなく深い世界喪失である。このとき、覇権的な主権国家と対立するのは他の主権国家ではなく、体制変革や新国家創設を目指す反政府組織でさえない。かつてなく自殺的、自己免疫的な暴力が拡大しつつあるが、それを名指す言葉が欠けている。旧来の用語で事態が語られ戦争への動員が図られはしても、それは精神分析が「合理化」と呼ぶ否認のメカニズム以外のなにものでもない。理性の名における国民国家主権の制限は、しかし、その論理の根底をなす存在-神論を脱構築しなければならない。そのためには往々にして隠された政治神学の否認態にとどまる世俗化では十分ではなく、むしろ、至高的ではない、分割されうる、悩み、傷つき、改悛するもうひとつの神の歴史、みずからその自己性まで脱構築する神の歴史を考えるべきだろう。

第二に、しかし、あらゆる主権原理に、つねに、真っ向から、無条件に対立することはかならずしも理性的ではない。古典的な主権原理に立つ自由や自己決定は、問題化されつつも尊重されなければならず、国民国家の主権もときには覇権的な世界的権力に対する防壁になりうる。特異なコンテクストで、無条件性と条件性の間で取り引きする格律を毎回発明しなければならない。その発明は固有語法を創出する詩的発明に似ている。理性が理性を働かせるときそれは至高の「自己」である。しかし、「理性の名誉を救う」ためには、この「自己」を理性に呼び戻すためには、理性に理性を働かせなければならない。

ジャック・デリダは本書刊行ののち一年あまりで世を去った。デリダの仕事を回顧する雑誌の特集や単行本の論集は今日までにすでにかなりの数に達し、本書に言及した論文も少なくない。それらの論評にここで網羅的な検討を加えることはできないが、論集『デリダと政治的なものの時間』（*Derrida and the Time of the Political*, ed. Pheng Chea and Suzanne Guerlac, Duke University Press, 2009〔フェン・チャー／スザンヌ・ゲルラク編『デリダ　政治的なものの時代へ』、藤本一勇・澤里岳史編訳、岩波書店、二〇一二〕所収のジャック・ランシエールの批評「民主主義は到来しなければならないのか？——デリダにおける倫理と政治」（Jacques Rancière, «Should Democracy Come? Ethics and Politics in Derrida»）には一言触れておきたい。ここではデリダの「来たるべき民主主義」の思考の特徴が既成の解読格子に依ることなく、評者独自の民主主義論との対比において描き出されており、しかもそのことが、デリダの民主主義論に対する最大公約数的な批判の論拠をもっとも明確に示すことにもなっているように思われるからである。

民主主義は多々ある統治形式の一つではなく、どんな統治形式に対しても過剰である。だが、この過剰には二つの理解がありうるとランシエールは言う。ひとつは政治的過剰として、民主主義を統治の実践に還元不可能な限りでの〈政治〉を立ち上げる代補とみなすもの。もうひとつは、政治的合理性に対する過剰として、政治をそれとは異質な原理に従属させるもの。ランシエールは、自分は前者の理解に立っており、デリダの「来たるべき民主主義」は後者の理解を暗黙の前提としていると考える。その基準は明快である。民衆の支配、デモスのクラトスとしての民主主義を、文字通り、主体としての民衆の力と理解するかどうかで、ランシエールが政治的思考と倫理的思考の分岐とみなす二つの道は分かれるのである。

ランシエールにとってデモスとは特別な資格を持たない人々のことである。民主制とは、ある人々が他の人々を支配するいかなる理由もないという、ただそれだけを根拠とする逆説的な支配の原理である。そして、固有の意味での政治的共同体、政治的権力の存在根拠は、このような民主主義の原理のほかにない。ランシエールはこの資格なき人々からなるデモスを、「分け前なき人々の分け前＝部分」(la part des sans-part) と呼ぶ。相互にまったく「代替可能」なこの人々の、資格ある者たちが独占する行政管理（「ポリスの支配」）の空間への介入こそが〈政治〉にほかならない。「任意の誰か」(anyone)「誰でもよい誰か」(no matter who) からなるデモスは、特定の人々が被っている害悪を、任意の者に対する「ポリスの支配」の攻撃に結びつけ、資格ある者たちの間での社会的資源の分配に挑戦する。ランシエールが「不和」(mésentente, dissensus) と呼ぶのは、二つの異質な人々の異質な論理が同一の舞台でぶつかり合うこのような事態である (Jacques Rancière, *Mésentente*, Galilée, 1995,『不和あるいは了解なき了解――政治哲学は可能か』、松葉祥一・大森秀臣・藤江茂夫訳、インスクリプト、二〇〇五年、参照)。それは彼によって「計量不可能なもの同士の計量可能性の形式」と規定される。

以上のようなみずからの民主主義論と対比しつつ、ランシエールはデリダの「来たるべき民主主義」を次のように理解する。「彼にとって来たるべき民主主義は政治を可能にする代補ではない。それは政治への代補なのだ。そしてそれは彼の民主主義が実際にはデモスなき民主主義だからである。彼の政治観に不在なのは政治的主体、政治的力能の観念である。」(*Derrida and the Time of the Political*, p. 278)

ランシエールがとりわけ強い違和感を隠さないのは、『友愛のポリティックス』で展開され、本書でも第一論文の五章に集中的に表現されているデリダの兄弟愛批判に対してである。現代の民主的政治空間では男女の市民は「代替可能」であり、自由と平等とともに標語化された兄弟愛には元来相互性が含意されていた。ファロス中心主義の脱構築をこの文脈に持ち込むことは、彼の眼にはどうしても均衡を欠いているように映る。ランシエールは続けて言う。デリダが市民間の形式的相互性を民主主義の肯定的要素と認めないのは、彼の関心がもっぱら、われわれと同等になることがけっしてない〈他者〉に向かっているからである。「来たるべき民主主義」で相互性に代わる役割を果たすのは歓待である。絶対的歓待の無条件性は、つねに条件的である政治とはどこまでも異質である。デリダにとって無条件的なものと条件的なものの交渉は計量不可能なものと計量可能なものの交渉である。その交渉が不可能性の経験にしか行き着かないように彼の議論は周到に組み立てられている。要するに、ランシエールが「不和」を語ろうとするところでデリダは「アポリア」を語っているのである。

しかし、ランシエールのデモス論と触れ合う「任意の誰か」「誰でもいい誰か」のモチーフは、デリダの議論でも重要な役割を果たしているのではないだろうか。ランシエールもこの〈近さ〉を非常に意識しているように思われる。一方で彼は、レヴィナス、リオタールとともにデリダを「政治の倫理化」の思想家の列に加えつつ、他方で政治の倫理的転回と彼が名付けるものに、第一の転回と第二の転回を区別する。そして、『死を与える』のキルケゴール論を主要に参照しつつ、「絶対的他者」を「任意の誰か」に転化するデリダの作業を、第二の転回の側に位置づけるのである。

ランシエールがこの批評で最後までこだわりを見せるのは、デリダがカール・シュミットの政治神学的主権論を前提に議論を進めているように見えること、またそれと相即的に、他者や歓待といった彼が特権化するモチーフに、ある種の宗教性が残存しているように感じられることである。第一の点については、少なくとも本書では、デリダは政治神学的主権論の起源を、アブラハム一神教ではなく、もっぱら古代ギリシャの文献、とりわけプラトンとアリストテレスに求めていることが注意されてよいだろう。デリダとランシエールのプラトンおよびアリストテレスの読み方の違いは、この点からも非常に興味深く思われる。また、本書のとりわけ第一論文には、シュミットばかりでなくボダンやホッブズをめぐる近年のフランス内外の主権概念にかかわる論争状況への対応が、扱うテクストの選択から議論の細部にまで慎重に織り込まれている。この講演の前年のセミネールの記録である『獣と主権者』(*La bête et le souverain*, Galilée, 2008)、とりわけそのホッブズ論なども参照しつつ、議論の襞を丁寧に読み解いていく努力が求められよう。

第二の点は、第一論文の一〇章、ハイデガーの『シュピーゲル』対談を扱うに際して、デリダ自身がことさらにその懸念を表明している。もっとも、この懸念にはやや芝居がかったところも感じられる。というのも、このような論の閉じ方に挑発的な意図がこめられていたことは疑いえないからだ。「ただある神だけがまだわれわれを救うことができる」。この言葉の解釈だけでも、ほぼ同時期に刊行されたベルナール・シシェールの、この言葉そのままをタイトルに掲げた書（Bernard Sichère, *«Seul un Dieu peut encore nous sauver» — Le Nihilisme et son envers*, Desclée de Brouwer, 2002）をはじめ、ハイデガー研究固有の領域でもこのところ議論が再燃している。シシェールはハイデガーの思考の歩みの全体を、フランスにおける受容や論争の歴史にも言及しつつ、この言葉の解釈を目指してあらためてたどり直す。ヘルダーリン＝ハイデガー的な神の思考を理解するにはカトリックでなければならず、デリダ的な「現前の形而上学」の脱構築はそれと相容れないという断定も見られ、ハイデガーが「言葉についての対話」で示した九鬼周造の『「いき」の構造』に対する関心に言及して論を締めくくっているところなど、評価の難しい点が多々あるけれども、ハイデガーの問題の発言を冷静に議論する必要を正面から説いた著作として、デリダのアプローチとの生産的な突き合わせは可能だろう。

それにしてもデリダ以外の誰が、この言葉を、民主主義論に接続することを考えつきえただろう。デリダは一貫して「来たるべき民主主義」を、創造に、時間に「先行する」場所〈コーラ〉になぞらえているので、そうなると、ハイデガーの語る「ある神」と〈コーラ〉の関係もここで同時に問われることになる。一方でデリダはこの「ある神」を、『哲学のための寄与論稿』の「最後の神」と区別している。「最後の神」（der letzte Gott）の定冠詞と「ある神」（ein Gott）の不定冠詞は、確かに、この二つの神の思考を分かつ重要な表徴である。とはいえ、ハイデガーの思考の歴史における両者の関係は非常に入り組んでおり、ナンシーは二〇〇三年秋にポルトガルのコインブラ大学で、病を得たのちのデリダを囲んで開かれたシンポジウムにおいて、「神的なウィンクについて」（«D'un Wink divin», in *Déclosion* (*Déconstruction du christianisme, 1*), Galilée, 2005,『脱閉域―キリスト教の脱構築1』、大西雅一郎訳、現代企画室、二〇〇九年）と題する講演を行い『寄与論稿』の「最後の神」を論じているが、このとき彼は明らかに「強者の理性」の最後の展開を踏まえていたはずである。

コロック「来たるべき民主主義」におけるナンシーの発表もまた非常に印象深いものであった。講演冒頭に、マリ＝ジョゼフ・シェニエ作詞、エティエンヌ・メユール作曲の革命歌「出陣の歌」の一節、「主権的人民は前進する」が歌われ、刊行された論文集（*La démocratie à venir*, Galilée, 2004）にもこの箇所の楽譜がタイトルの代わりに掲げられている。タイトルを引用しにくいためもあってか参照されることの少ないこの論文でナンシーは、ランシエール、ネグリ／ハートなど近年の政治論の諸傾向を参照しつつ、あえて「人民」という概念を引き受け直そうとする。接触（contact）、契約（contrat）、具体性（concret）、信頼（confiance）と、接頭辞 con- を共有する諸概念をたどりつつ、来たるべき「人民」概念を素描していくその思考過程で、ナンシーは、「強者の理性」でデリダが論じた『社会契約論』の、民主的に統治する「神々の民」に関する同じ一節に触れている。

ルソーが「神々からなる民があるとしたらその民は民主的に統治するだろう。それほど完全な統治は人間たちにはふさわしくない」と書くとき、彼は二つのことを同時に述べている。一方では、自己制御としての統治（そもそもこの場合には、もはやそれは統治ではないとルソーは詳説している）は人間たちには可能ではないということ、しかし他方では、神は民ではないということである（「神々」（Dieux）と、頭文字を大文字にし、複数形で書くことで、三位一体を社会とあわや同一視しかねないルソーは、すべてを要約しているのだ……）。だからこそ「世俗化」は空疎な観念なのである。場面の全体に変更を加えることなしに神学的属性を移し換えることはできないからである。

唯一神がなにごとかを指し示すとしても、それはそのものとしての人民のレヴェルにおいてではない。逆に、固有名のレヴェルでならありえよう。というのも、「言語の縁の」この名——固有名一般、および名一般の（脱）命名としての「神」の名——は、それに対して主体が、その名に実存の意味を与えつつそれを翻訳するという、無限の負債の契約を、する当のものであるからだ。（*La démocratie à venir*, p.352）

ナンシーがこの複数の神にキリスト教的な三位一体の影を見るとき、また、ルソーのこの一節を、シュミット的政治神学の「世俗化」概念を反駁する根拠とみなすとき、デリダとの論点、解釈の差異は明白である。デリダはこの一節からキリスト教を超えてプラトンとアリストテレスに遡り、民主主義の思考とある種の政治神学的伝統が、歴史を通じて不即不離の関係にあることを主張しているからである。

しかし、先の引用の後半でナンシーは、デリダの「バベルの塔」（«Des tours de Babel» in *Psyché — l'invention de l'autre*, Galilée, 1987.「バベルの塔」、高橋允昭訳、『他者の言語』、法政大学出版局、一九八七年）を参照している。一方、「強者の理性」は、tour の多義性をはじめ、「バベルの塔」といくつかの重要なテクスト上の戦略を共有している。そして、名の問いは、この論考の通奏低音的な、しかし、決定的な問いである。七章の謎めいた表題（「神よ、何を言ってはならないのでしょう？　来たるべきいかなる言語で？」）は、ユダヤ教における、すなわちヘブル語での、神の名の発音の禁止を、しかしまた、バベルという言語破壊の、そして神の自己脱構築の神話をも想起させる。「来たるべき民主主義」の思考は「民主主義」という名をめぐる思考でもあり、それとともに、その名の彼方の、その名の放棄ののちの、来たるべき「名」についての思考でもある。その「名」はあの表題の問いに対する神の回答と同じほど想像不可能だが、デリダにとっては、民主主義をめぐるあらゆる思考がそれに向かって緊張すべき極であることをやめないのである。「バベルの塔」が『死を与える』や『私は動物を追う、ゆえに私は(動物で)ある』とともに、デリダの著作において、本書の第二論文「来たるべき啓蒙の「世界」」で言及されている、「神のもうひとつの歴史」の系列に属することを想起するならば、「来たるべき民主主義」を『シュピーゲル』対談の「ある神」に接近させることでデリダが何を問題にしようとしたか、その輪郭の一端が見えてくるのではないだろうか。

「強者の理性」でデリダがこだわったもうひとつの名は「ならず者」(voyou, rogue)である。見方によっては異様とも映るこのこだわりには、その後の世界およびフランス、ヨーロッパの政治状況の展開に照らしてみたとき、なにほどか予言的なものがあったようにも思える。大統領と首相の口にのぼった「ならず者」(voyou)という言葉は、デリダの死後一年あまりの二〇〇五年十二月、フランスの大都市郊外の空を赤く染めた移民の子供たちによる暴動のさなか、今度は内務大臣の口から「ごろつき」(racaille)という言葉となって飛び出した。そして、「ならず者」言葉を連発することでみずから「ならず者」性をあらわにしたこの男、ニコラ・サルコジを、二〇〇七年五月、フランス人民は共和国大統領に選出したのである。

一方、「ならず者国家」という概念の短命性に関するデリダの仮設は、七年後の今日、ほぼ証明されたかに見える。バラク・オバマの言説からこの言葉は消え、アフガニスタンとパキスタンに限定された「テロとの戦争」はいまでは「過激主義者との闘い」と呼ばれている（この二つの国でも戦略上の行き詰まりは明白であり、いっそう深刻な破局が近づいている）。オバマの「核廃絶」宣言も裏を返せば、この世界なき世界では抑止の論理はもはや機能せず、アメリカ合州国を核の脅威から守る唯一確実な戦略は、長期的にはミサイル防衛ではなく核廃絶でしかありえないことの承認を意味しているだろう。ちなみに本書でデリダが触れているマデレーン・オルブライトによる「ならず者国家」という言葉の放棄宣言は、二〇〇〇年六月十五日の平壌における南北朝鮮首脳会談の四日後のことである。

しかし、デリダが本書で一九九二年のアルジェリアを例に分析した、政治的イスラームの台頭を前にした民主主義の自己免疫的自壊作用は、二〇〇六年一月、今度はパレスチナ自治政府選挙におけるイスラーム抵抗運動（ハマース）の勝利の承認を米欧の覇権的国家が拒否したとき、最悪の形で反復されることになる。その結果パレスチナ自治区は二つに分裂し、ハマースが統治するガザに対してイスラエルは徹底的な封鎖を続け、そしてついにアメリカの政権移行の空白期、二〇〇八年十二月に、イスラエルは集中的な空爆によってハマースの壊滅を図るに至ったのである。いまだ記憶に新しいあのすさまじい殺戮と破壊に、ハマース政権の承認を拒んだ国際社会の全体が、イスラエルの共犯者として責任を負っている。こうしたなかで、自殺的、自己免疫的な暴力は、中東や南アジアに限らず、また外見上の政治的文脈の有無を超えて、全世界のあらゆる社会領域に広がっている。

そのようななかで、もはや「帝国」とは、しかしいまだ「民国」とも、みずからを形容しようとしない国、「日本国」は、いま、半世紀に及ぶ事実上の一党支配ののち、政権の交代を迎えた。この列島に住まう人々にも、ともかくも民主的交代を経験する時代が到来したらしい。言い換えれば、民主制の規範的倒錯とデリダが呼ぶものを、その自己免疫的な諸作用を含め、私たちが本格的に生きることになるのはこれからだということである。外国人排斥を唱える「在日特権を許さない市民の会」「主権回復を目指す会」など、プレ・ファシズム的な民衆運動がすでに不気味な広がりをみせている。民主主義と主権の相克をめぐる本書の考察は、今後この国で起こりうる事態の数々に、貴重な光を投げかけることになるだろう。

コロック「来たるべき民主主義」に参加した私の眼には、たがいの講演ののち、厳しくも友愛にみちた議論を交わすデリダとナンシーの姿が、そしてみずからの講演の最後に、右手を素早く振って「来たるべき民主主義」に挨拶を送るデリダの姿が、今も鮮明に蘇る。それにしても、退去する他者への挨拶と到来する他者への挨拶が、なぜ同じ言葉—— salut ——なのだろう。痕跡の経験はどこまでもこの問いと切り離しがたい。

戦略、スタイル、情動――ジャン＝リュック・ナンシーへの三つの問い

私は、自分の発表が、とても栄養価の高い食事の後に出されるちょっとしたデザートのようなものになるように願っています。実に詳細にわたる紹介、きわめて内容豊富な三つの発表があり、これに続くジャン＝リュック・ナンシーの応答はそのいずれもが発表内容をただたんに解明するだけでなく、新たな展開をもたらすものでした。

ジャン＝リュック・ナンシーのテクストを読み、また、その発表を聞き、その声に耳を傾けることは、私にとってつねに大きな喜びです。前回、私があなたの話を聞く機会を得たのは、昨年十月、パリの高等師範学校のデュサンヌ教室でのことでした。ジャック・デリダの一周忌に、フランス人哲学者たちによる共同のオマージュという形で彼に捧げられたコロックのときです。

あの日――それは郊外で若者の叛乱が始まる数日前のことでもありました――、あなたは、

デリダとドゥルーズをパラレルにとり上げ、意味、差異、政治的なもの等々の主題に沿って並外れた二重の読解を聞かせてくれました。ところで、その前に私があなたの発表を聞いたのは、二〇〇二年七月、スリジィ＝ラ＝サルでの「来たるべき民主主義」コロックの場でした。

あの別の日に、あなたは私たちの前で「人民〔peuple〕」について語りました。私たちの間にはたしかにジャック・デリダがいて、あなたの言葉に耳を傾け、忘れられない仕方で応答していました。あの日、あなたがおこなった発表のタイトルを私は引用することができません。それはタイトルが楽譜だからです。

出版されたあなたの論考の冒頭部分を引用しておきますと、「発表の最初に、〔エティエンヌ＝ニコラ・メユールによるフランス革命期の愛国歌〕「出陣の歌」の一節が聞かれた」とあります。つまり、あなたは発言するというより歌うことから始めたのでした。私は引用するだけにとどめて歌うことは差し控えますが、「ラ―ファ―ミ―レ―ド―シ―ド―レ―シ―ソ―ソ。「至高なる人民が前進する」」というように。
こうした二つの場面、つまり、デリダのいるところで、またいないところであなたの発表を聞き、その声に耳を傾けた二つの機会を想起したのは、ジャン＝リュックとジャック、あなたがた二人から、私は、哲学のテクストを読み、理解することだけではなく、まったく特異な仕方でテクストを聞き取ること、これに耳を傾けること、耳

をそばだてることを学んできたということを強調するためです。あなたの話を聞く新たな機会を得た喜びを感じつつ、私はこの二重の教えに忠実でありたいと考えています。私にとって、この教えはこの上なく貴重な贈与だったのです。

ですから、私からすれば、デリダとナンシーにおける脱構築の二つの試みの差異、複数の差異は、目で見られ、識別されるだけでなく、聞き取られ、聴かれ、感じられるべきもの、触れられるべきと言ってもよいようなものであると思われます。このことを確認したうえで、私はここで、三つの質問をしてみたいと思います。それは戦略、スタイル、情動のレヴェルでの、そうした差異に関する問い、あるいはむしろ、それらの差異から出発する問いです。

先ほど述べたように、スリジィで、あなたは「人民」について語りました。それは既にきわめて重大で深刻な戦略的決断でした。というのも、あなたと「友人」的な立場にある他の思想家たちは、みな、この「人民」という言葉や概念を回避するためにあらゆる手を尽くし、例えば、マルチチュード、大衆、群衆といった言葉のほうに新しい政治的思考の手がかりを探し求めていたからです。あのとき私は、あなたの振る舞いを、あなたの流儀の脱構築の戦略全体の一部をなすものと理解しました。あなたの脱構築は、例えば「意味」や「自由」といった哲学の古い主要概念に再び権限を与えるのではなく、前代未聞の仕方で、しかも今日だからこそ可能な仕方で、これらを再び作動させることを本義とするのです。

ところが、今日は、「無神論」という言葉あるいは概念について、私は、間違っているかもしれませんが、興味深い交差配列《キアスム》に立ちあっているように感じています。あなたはこの概念を扱うとき、どちらかというと慎重な態度を示し、それこそその形態に触れて、これを«à-athéisme»という形に「どもらせ」ることから始めます。これに対してデリダは――私たちが知っている哲学の主要概念に対する彼の大変な慎重さは、ほとんど警戒心とも言えるものでしたが――無神論というこの言葉についてだけは、特定の機会に、ある種の無神論を自分の立場として主張することをためらいませんでした。私の記憶が正しければ、それは、「神のことを思い出すラディカルな無神論」という言い方で表現されていました。

明らかに不正な仕方であなたの行論を単純化しつつも問うてみるのですが、「無神論」という言葉を肯定的に使用する可能性を断念することを承知のうえで、新たな神なき思想のための空間を引き出すために、いわば、有神論と無神論のどちらの肩ももつまいと決断されたということなのでしょうか。

この振る舞いがもたらす、理論的とは言わないまでも実践的な帰結は無視できないものであるようにみえます。とりわけ、「無神論」と「有神論」という系列を、「コミュニズム〔communisme〕」、「共同〔commun〕」、「共同体〔communauté〕」という別の語の系列に関係づける場合にはなおさらでしょう。あなたの戦略をこのように理解することがまったくの的外れではないとすれば、この戦略を何が動機づけているのか、「無神論」という言葉の前で、またとりわけこの文脈で、あなたが慎重さを倍加される理由は何に由来するのか、うかがってみたいと思います。

二番目の問いはあなたの思考の戦略というよりも、そのスタイルに関するものです。とりわけ、あなたの思考のなかで行為遂行的《パフォーマティヴ》なものが占める位置についてです。あなたの発表は、最後に、「無神論」という言葉をどもらせ、変質させることを、ある種の祈りの経験に、さらに的確に言うならば、「無-無神論者の祈り」に関連づけています。その場合に問うてみたいのですが、一方で祈りという行為遂行的経験は、一神教全体を横断するだけでなく、否応なく一神教の彼方に向かうものであるのに対し、他方で事実確認的《コンスタティヴ》なテーゼとしての無神論については、あなたはその可能性を一神教の内部に割り当てられるのですが、そうなると、この行為遂行的なものと事実確認的なもののあいだには、歴史的ないしは歴運的にみていかなる関係がありうるのでしょうか。そして、行為遂行的なものと事実確認的なもののこの関係を、あなたはどのようにあなた自身の哲学のスタイルに、考察するだけでなく、見る、聞き取る、触れる、一言で言えば、感じるように私たちをうながすスタイルに組み込んでおられるのでしょうか。

最後に、あなたはあなたの思索の途上のごくわずかな機会においてですが、思考がもたらすある種の喜びを語るがままにさせることがありました。私はつねにその仕方が心に残り、これに感嘆してきました。たしか『自由の経験』だったと思うのですが、あなたは、なぜハイデガーにとってはすぐれて哲学的な情動は否定的な情動、すなわち不安であったのか、スピノザにおけるように喜びではなかったのかと問われたことがあります。

おそらく、同じ問いは、必要な修正を加えるならば、デリダに対しても立てられるでしょう。私からみると、デリダは思考の喜び、あるいは思考のなかにある喜びを、語るにまかせることをあなたほど自分に許さなかったように思われます。

哲学の実践において、ある種の情動を語るにまかせるか否かという差異――実際にそのような差異が存在するのかどうか、確信がもてないのですが――は、何らかの選択、何らかの決断に左右されるのでしょうか。もしそうだとすれば、この種の経験において自由とはいったいどのようなものなのでしょうか。あるいは、別の仕方で問うならば、あなたの仕事のなかで、「無－無神論者」のどもる祈りにおいて、この喜びはいかなる場を占めうるのでしょうか。以上が、このうえない感謝のしるしとして、私が最後に投げかける一連なりの問いです。ありがとうございました。

*

解体と政治

今日はこのような場でお話させていただくことになり、何重もの感謝の気持ちを抱えてこちらに参りました。お招きくださいましたスユ＋ノモ研究空間の友人のみなさんに深く感謝いたします。また、今日おいでくださいました、すべてのみなさまに深く感謝いたします。「解体と政治」というタイトルをいただいていますが、みなさんの間に、私がこのようにいるというだけで、このように言葉を、この言語、日本語を発しているというだけで、この主題をめぐって、無限の対話が始まっても不思議ではないように感じています。

韓国に仕事のために来る機会を与えられましたのは六年ぶり、三回目のことです。過去二回はいずれも、フランス留学時代の友人、釜山大学教授の崔祐源《チェ・ウウォン》先生からのご招待でした。一度目は「高等教育の危機」についての光州における会議、二度目はユーラシア諸民族の対話のための釜山における会議でした。ですから、ソウルに仕事でうかがいましたのは今回が初めてです。

これまでの二回の会議では、何語で講演を行うかの選択は、いずれも主催者によって指定されていました。一回目はフランス語で、二回目は日本語で、私は韓国の聴衆の方々の前で話をすることになりました。一回目の会議でフランス語は、韓国の高等教育に大きな影響を及ぼしているアメリカ型の教育制度に対する代替的な思想の媒体として位置づけられていたのだと思います。それに対して二回目の会議で日本語は、会議の主題がアジアの時代の展望であったため、アジアの言葉の一つとして求められたのでした。いずれの場合にも、私の韓国でのスピーチの言語の選択はけっして自然なものではなく、制度的に決定されていました。言い換えれば、この選択について、私は責任を負っていませんでした。

今日はまったく異なる事情のなかで、私はいま、日本語を話しています。そして話しながら、これがいったいどのような事態なのか、可能なかぎり心を張りつめ、思考しようとしています。韓国のソウルにあるスユ＋ノモ研究空間で、二〇〇九年に、日本人の研究者が、日本語で話すということは、いったいどのような状況なのでしょうか。この状況を構成するコンテクストのすべてを、私は到底把握し尽くすことができません。私はいま、自分が歴史上の任意の瞬間にいるのでもなく、韓国の任意の場所にいるのでもないということは知っています。私たちの共通の友人である金友子さんによって、昨年日本で、スユ＋ノモ研究空間の思想と実践についての最初の本格的な紹介がなされました。『歩きながら問う』[1]というタイトルのこの本によって、私はこの驚くべき集団的な知的・政治的実験の実際に触れることができました。そしてこの空間では、韓国語のほかに、少なくとも英語、中国語、フランス語、ドイツ語、日本語が話されていることを知りました。

私は今日、過去二回とは異なり、主催者によって講演の言葉を指定されませんでした。しかし、この場でいま、私が日本語で話していることが、私が日本人であり、日本語が母語であることの自然な結果であるとは考えません。韓国の任意の場所ではないほかならぬここでは、私が韓国語が話せないために余儀なく下された選択ということでも、おそらくはないでしょう。ここでこの言葉で話すことについて、自然も制度も、もはや私にアリバイを与えてはくれません。このとき私の責任は、この言葉を応答可能性と翻訳し直すという条件のもとで、かつてなく、大きな試練にさらされているのだと私は考えています。それは、私の考えでは、日本語がスユ+ノモ研究空間で話されている言葉の一つであり、ほかならぬここで、ある新しい位置を与えられつつあるからこそ、それだけいっそう深刻で大切な、興味深い試練なのです。

来年、韓国併合から一世紀の年が来ます。言語の歴史において、百年は、ある意味では長く、別の意味ではとても短い時間です。この時間の間に、日本語も韓国語も大きく姿を変えました。しかし、その変化の歴史的な性格、原因、結果は、けっして同じものではありませんでした。

韓国語に日本の植民地支配がもたらした傷、その痕跡は、それが刻まれたのと同じ早さで消えることはないでしょう。そのことの結果、一言で言えば、この二つの言語は時間を共有していない、同じ近代を生きてこなかったのです。私には想像することしかできませんが、この二つの言語の間で生きてこられた人々、翻訳の仕事をしてこられた人々、文学作品を生み出してこられた人々は、この時間の不一致という形で私たちの現在に刻まれた不正を、一瞬ごとに呼吸されているのだと思います。

シェイクスピアの戯曲『ハムレット』には、主人公が、時間にじかに刻まれたこのような不正を、一言で言い表す科白があります。

The time is out of joint. O cursed spite,
That ever I was born to set it right.

「時の関節が外れてしまった。ああなんという運命、
これの整復のために生まれ合わせた身の因果」(2)（一幕五場）

ジャック・デリダは一九九三年の著書『マルクスの亡霊たち』で、このハムレットの言葉に、この書での彼の主張を集約する、とても重要な役割を与えました。ここでは「時の関節が外れてしまった」という最近の翻訳を引用しましたが、out of joint は英語ではまた、時代の腐敗、習俗の退廃、社会の堕落の意味もあり、アンドレ・ジッドはこれをフランス語に、Cette époque est déshonorée,「この時代は名誉を汚されている」と訳したのでした。この倫理的、政治的含意が、この表現では、time を、今度は「時代」でも「世の中」でもなく、文字通り「時間」と解したときに現れる、関節の、継ぎ目の外れた「時」という、存在論的な含意と結びついているのです。個々の単語を取り上げれば誰でも知っている基本的なものばかりですが、この六語からなる文は、それだけで、存在論と倫理学、政治学の、継ぎ目なき継ぎ目を形づくっています。

思えば déconstruction、日本では「脱構築」、韓国では「解体」と翻訳されているジャック・デリダの思想は、その最初から、時間概念の「解体」の作業でありました。「現前の形而上学」の「解体」とは、現在という時間の一次元に存在を結集する西洋の中心的な思想のあり方の根本的な再検討です。それはとりわけ、過去、現在、未来が、同一の線上で継起する、アリストテレス以来の時間の表象を問題にします。現在を点として、時間をその継起として表象することの伝統を、フッサールは、過去把持と未来予持の概念によって書き換えました。それでもなお、時間が線状の持続であることは維持されていました。フロイトの事後性 Nachträglichkeit の概念によって、幼児期のある忘却された出来事が、時間的にはずっとのちに、意識されないままにある作用を精神に及ぼすことが明らかにされて、ある現在に生じることが、その直前の過去にのみ因果的に規定されるのではなく、はるかな過去の痕跡の働きを受けうることが思考可能になりました。『グラマトロジーについて』でデリダは、ここにひとつのヒントを得て、かつて一回も現在であったことのない「痕跡」の思考を練り上げていきました。

「解体と政治」という主題は、現前、現在という価値をこれほど根底的に問いに付す思想の、政治的な帰結とはどのようなものかを問うものでありうるでしょう。『マルクスの亡霊たち』でデリダは、このハムレットの科白に、この問いに対するひとつの答えを託しました。この場面の直前で、ハムレットは、父の亡霊と名乗る霊によって父の死の秘密を明かされ、父に代って王位に着いた殺人者の叔父の殺害を命じられます。死者が過去に消え去ることなく現在に回帰する。このような異常な事態は、時間の関節、継ぎ目が解体し、現在が点として継起することを止め、過去が流れ去ることがなくなったことを示しています。そのとき未来もまた、もはや到来することを止め、来たるべきままに留まります。ハムレットが復讐の義務を果たすか否かに、いまやすべてが、デンマーク王国の正義の修復も、時間の「整復」、正常化もかかっています。

デリダは、しかし、この科白にこめられたハムレットの嘆きの二重の性格に注意をうながします。彼が置かれた状況では正義の実現は復讐の義務の遂行に等しく、しかもそのような義務を果たすために生を享けたという真実に向き合うはめになったのです。ご存知のように戯曲『ハムレット』は、この復讐の義務に直面した主人公の、奇妙な躊躇、不決断、懊悩を主題とする劇であり、彼がなぜこれほど逡巡するのかが作品の核心をなす謎を構成しています。この作品の批評史は、シェイクスピアの全世界の専門研究者のほか、ゲーテ、コールリッジなどの文学者からフロイト、ジョーンズ、ラカン、ニコラ・アブラハムといった精神分析家に至るまで、この問いに対するさまざまな回答を示してきました。それでもなお、この謎はすっかり解かれたわけではありません。

デリダのこの戯曲の読み方は、ハムレットがついに、どのように、求められた決断に、行動に至るかということよりも、彼特有の不決断、決断の、決定の、特異な不可能性の上に力点を置きます。この劇の悲劇性、それはハムレットが正義を行うために生まれたことです。この運命、この不幸を、彼は呪います。自分の使命、自分自身でさえある使命を呪う彼は、時間と同様、自己との継ぎ目が外れています。この科白にハムレットの狂気を読み取ったのは『悲劇の哲学』の著者シェストフでした。そしてデリダは、この悲劇的狂気のなかに、もはや復讐の異型ではない、もう一つの正義への希求を読み込もうとするのです。

ハムレットが――ニーチェよりも、ハイデガーよりも、ベンヤミンよりも前に――嘆いていると思われるように、法なるものが復讐に起因するのだとしても、いつの日か、もはや歴史には属さないいつの日か、ほとんどメシア的ないつの日か、終に正義が復讐という宿命から逃れるようになることを切望することはできないだろうか。逃れるばかりではなく、復讐とは無縁で、かぎりなく異質な起源をもった正義を？　またその日は、われわれの行く手、つまり未来にあるのか、記憶そのものもおよばぬほど古いものなのか。この二つの仮説のいずれかを今日決めるのがむずかしく実際には不可能であるのは、まさに《The time is out of joint》だからである(3)。

ここで私たちが注意しなくてはならないことは、ここで示唆されている復讐の彼方のもう一つの正義は、私たちが日常的に耳にする復讐の否認の言説とは、似て非なるものだということです。ニーチェ、ハイデガー、ベンヤミンはそれぞれに、近代的な法制度の総体を、復讐の精神の具現とみなしました。ニーチェが、そして彼の思考をたどり直しつつハイデガーが試みたのは、犯罪と懲罰、損害と補償の等価性を前提とする法観念に先立つ正義の思考を、ソクラテス以前のギリシャに探索することでした。ベンヤミンは「法措定的暴力」と「法維持的暴力」

に支えられた現行法制度の全体を「神話的暴力」と規定し、それを無化すべく到来するもう一つの暴力を、ユダヤ教のメシア主義的なある伝統とマルクス主義が出会う地点で「神的暴力」と名づけたのでした。これらの思想家のラディカルな問いかけと、私たちが日常耳にする法中心主義の言説、私人間の復讐の連鎖を断ち切るためにこそ国家の法、公共的な法は求められ、だからこそ法は、それが法であるがゆえに尊重されなければならないと主張する言説、あるいはさらに、復讐の精神からみずからを解放するために和解を目指すべきだと主張する言説の間には無限の距離があります。後者の言説が復讐を否定するのは、前者の問いかけの地平から見るならば、みずからの起源が復讐であることの、精神分析的な意味における否認にほかなりません。

復讐とは、まず共同体が、そしてやがては個人が、たがいに平等であることを人間が思い知るために経験しなければならない規律＝訓練の過程です。いわばそれは、人間が人間となるための起源の暴力であり、誤って信じられているように、非人間的、野獣的とみなされうるような暴力ではありません。ニーチェは明瞭に、復讐がいっさいの社会的計算の可能性の条件であり、平等の観念の起源であることを認識していました。共和主義的であれ社会主義的であれ、ごく近年まで、多くの革命思想が復讐を、崇高な情念として讃えていたのもこの理由からです。国民間の、あるいは民族間の和解の観念も、一見復讐とは対照的に見えるとしても、社会的計

算の同じ可能性を条件としていることは否定できないでしょう。(4)

先の引用でデリダは、「復讐とは無縁で、かぎりなく異質な起源をもった正義」について、それが「記憶そのものもおよばぬほど古いもの」なのかどうかを問うていました。これはもう少しくわしく言い換えるならば、人間が人間になるに当たり、他者を同類として承認し、自己と他者を含めたある集団のカテゴリー、たとえば「人間」を獲得する以前の、社会的計算に基づく平等の観念以前の、その意味で前「人間」的な、われわれが自分を「人間」としてのみ規定し表象する限りわれわれの記憶が及ばないもの、ということです。デリダはこの「記憶のおよばぬもの」を、「贈与」という言葉を通して考えようとします。このとき「贈与」は、いっさいの社会的計算、言い換えれば交換に、けっして帰着することのないような出来事の名なのです。

ハムレットがそれを知っているかどうかは別にして、冒頭で«The time is out of joint»と言明するとき、彼はこの――贈与、特異性、出来事の到来、他者への過度のあるいは過剰の関係、こうしたものへの呼びかけといった――問いの開けに立って語っている。(5)

『マルクスの亡霊たち』に先立って、一九九一年の著作『時間を与える』でデリダは、マルセル・モースの「贈与論」を取り上げ、この問題に関する彼の基本的な考えを展開していました。トロブリアンド諸島などポリネシア地域の諸民族や、北米先住民族の人類学的研究をもとに、一九二〇年代に彼が提出したいわゆる未開社会の相互的贈与の慣行についてのレポートは、出版当時から、マルクス主義の強い影響下にありながらも社会正義のもうひとつの理念、もうひとつの資本主義批判を探求していた社会活動家、知識人の間で大きな関心を集めていました。モース自身、特異な社会運動家として、政治・経済問題に関する膨大な発言を残しています。私は一九八三年、デリダが初めて日本を訪れ、京都で三日間のセミナーを行ったとき、当時未刊だったこの贈与論の分析を聞く機会に恵まれ、それ以来、贈与の問いは、彼の仕事に対する私の関心の、ひとつの焦点になってきました。とはいえ、モースから着想を得ようとした人々は、デリダ以前にも、彼の同時代にも、そして近年も、世界中に、学術圏、運動圏を横断して、他にたくさんの例があります。そのなかでデリダの取った立場の際立った特異性に触れなければなりません。

逆説的、極論的な問題の立て方や定式に対してデリダがある好みを持っていたことは否定できないでしょう。『時間を与える』で彼は、モースの「贈与論」には、贈与はまったく論じられていないと主張したのでした。贈与の名のもとにこのレポートで記述されている社会現象はすべて、デリダによれば交換なのです。交換と贈与の概念的区別が明確でないために、ここでは贈与ならざるものが贈与として語られていると言うのです。贈与が贈与であるためには、それはいかなる返報、反対給付によっても相殺されてはなりません。その反対給付はかならずしも同等の物質的財貨や社会的サーヴィスである必要はありません。贈与を受ける側がそれを贈与として認識し、贈与を施した側に感謝の意を表明するだけで、否、そのような気持ちを抱くだけで、デリダの考えでは、贈与は交換に転化するのです。時間の線状的連続を切断する出来事であるべき贈与は、そのとき、この象徴的交換の円環のうちに回収されてしまいます。そしてこの交換の円環は、贈与がなされる以前、贈与を施す側がみずからの意識のうちでそれを贈与として認識し、贈与を意図し、贈与を受ける側の感謝を想像した途端すでに形成されます。贈与があるためには、それが生起するためには、したがって、それを施す側も受ける側も、それをそれとして、贈与として知覚してはなりません。このような〈もの〉、このような〈こと〉については、現象学で言うところの本質直観は不可能であり、それはけっして現前的に経験されえないのです。一言で言えば、贈与は〈プレゼント〉、すなわち現在であってはならないのです。

これらすべての場合において、贈与はたしかにその現象性を、あるいは、その贈与という外観（apparence）を保持しうる。しかし、その外観そのもの、贈与の単なる現象が、それを贈与としては無化してしまい、出現＝幻（apparition）を幽霊に、そしてこの行いを模像《シミュラクル》に変えてしまう。贈与が無化されるためには、贈与の対象、与えられた対象、事物ですらなく、贈与の贈与という意味ないし性質を、その特性を、その志向的な意味を、他者が知覚し保持するだけで十分である。他者が贈与の現象性を保持するとわれわれは意図的に言った。だが、保持することは取ることの始まりである。他者が受け入れるやいなや、取るやいなや、もはや贈与はない。この破壊が生じるためには、受け入れ（把握、受領）の運動が少し持続するだけで十分である。どれほどわずかであれ一瞬以上、時間化の総合に（……）、言い換えれば時間が〈自己と共にあること〉に、すでに捕われた一瞬以上続くだけで。(6)

二〇〇一年の秋、パリに滞在していた私は、通貨のユーロ移行の意義をめぐるシンポジウムの帰路、参加していたデリダとしばらく歩きながら対話をしました。そのとき彼が、贈与をめぐる自分の仕事が、ジャン＝リュック・マリオンのような現象学者からも、モースの衣鉢を継ぐ社会学者たちからも賛同を得られないと、やや寂しそうに語っていたことを思い出します。しかし、このような表情の裏で、彼が何を考えていたかは、想像することは容易ではありません。贈与を社会学的・人類学的関心の領域外へと引き出し、現象学の限界で思考し直そうとする彼の試みは、既成の学問や哲学の方法論に対する挑戦であるとともに、一般の常識からも甚だしくかけ離れた議論であることを、一方で彼が気づいていなかったはずがありません。彼の論に従うなら、およそ倫理的な行為は、それが善として意志されるやいなや、自己満足的な潔白意識を生み出し、おのずから無化されてしまうことになります。彼が考える出来事としての贈与は、個人的ないし集団的なある主体の力能に属しません。私あるいは私たちは、与えることができません。その意味で贈与は、不可能な出来事としてしか到来しえないのです。

「解体と政治」という主題は、私の考えでは、なんらかの形で、この困難と交渉する必要があります。哲学の歴史のひとつの限界に現れた「解体」という作業、贈与の不可能性の思考を要請するこの作業を、その外部に存在すると想定された政治と呼ばれる領野に、単純に応用すること、適用することは不可能です。その意味で、多くの人々が、「デリダは使えない」と考えたことは、ある意味では正しいのです。彼の仕事、彼が遺したテクストは、そう簡単には「使えない」ように出来ています。この困難に眼をつぶるべきではないでしょう。そしてこの困難は、デリダ自身が、誰よりもよく感じていたと私は思います。だからこそ、不可能な使命の前で逡巡するハムレットの形姿に、ハムレットのあの科白に、彼のマルクス論であれほど重要な役割を担わせたのです。

「解体」の倫理＝政治的転回と呼ばれる主題の傾向の変化が、一九八〇年代以降のデリダの仕事に観察されることは事実です。しかし彼の仕事には『グラマトロジーについて』以来、つねに鋭利な政治的感性と思考がすみずみまで行き渡っていました。そして逆に、政治的主題が前景化されるようになって以後も、ここで私たちがたどってきたようなアポリアや不可能性の思考は、むしろますます強調されるようになりました。一九八四年、私が渡仏した年にデリダが開始したセミネールのタイトルは、「哲学の国籍と哲学的ナショナリズム」でした。そして八九年、フランス革命二百周年の年には、この時期の作業をまとめるような形で、「友愛のポリティックス」というタイトルのもとにセミネールが組織されました。それは『マルクスの亡霊たち』の翌年に、書物の形で刊行されました。

この本でデリダが、カール・シュミットの『政治的なものの概念』を論じた部分は、「解体と政治」を表題に掲げるこの講演で、どうしても触れずに済ますことはできないでしょう。ご承知のようにシュミットは、二十世紀のもっとも問題的な法学者であり政治学者でした。カトリックの思想的バックボーンを持つこの思想家は、一九二〇年代には保守的立場からヴァイマール憲法擁護の姿勢を取っていましたが、一九三三年以後ナチス政権に加担し、第二次世界戦争後は戦争犯罪者として罪を問われました。しかし、彼の思想は戦後の世界で、右派ばかりでなくしばしば極左的な思想潮流にも、奇妙な仕方で影響を及ぼしました。一九三二年の著書『政治的なものの概念』は、倫理にも、経済にも、技術にも、文化にも還元されない、純粋に政治的なものの定義を求めて、それを友と敵の区別に見出します。

おそらくこの点に、実に逆説的なことですが、彼の思想的影響が政治的な右と左の区別を超えて広がった理由があるでしょう。というのも、政治的領野における「われわれ」の自己同一性は、「われわれ」の敵が誰であるかに規定されるからであり、近代の政治史は、左右を問わず、政治的主体が本来の、唯一であるべき敵を見出すことができず、つねに複数の敵に直面する事態に陥り、そのことによって思想的同一性が混乱し、喪失する危険に見舞われてきた経験の連続だったからです。

シュミットが唱えるこの友と敵の区別は、いつ、どこで、どのように、それとして現れるのでしょうか。この区別の可能性を論証しようとするシュミットの努力に、デリダはとりわけ関心を寄せます。『政治的なものの概念』の一節を引用し、彼は注釈を加えます。

> 「(……)友と敵の政治的布置の極限的帰結が顕わになるのは現実的戦闘においてのみである。人間たちの生は、極限的可能性から出発して、特殊政治的な緊張を獲得する。」
>
> この緊張は獲得される。すなわち、それは与えられた事実ではないのだ。それは獲得される、到達しなくてはならない場所のように、それは獲得される、抵抗を克服して勝ち取

らなくてはならない勝利のように、それは獲得される、つねに増大しうる強度、そしておのれ自身に打ち勝ってその極限的限界まで増していく強度のように。

　これらの命題の極限的帰結、避けがたいように、だがまた実に破滅的にもわれわれには見える帰結、シュミットはもちろんそれを引き出しはしない、少なくともこの形では。だが、われわれはそうしなくてはならない。今言われたように、例外状況あるいは決断状況が稀に、あるいはありえそうになくなればなくなるほど、それだけいっそうそれは、決定的に、強力に、そして開示的になり、そして最終的には（……）政治化するものになるということが本当なら、その場合には、稀少化が緊張を、そして（政治的なものの「真理」を）開示する力を強化すると結論しなくてはならない。戦争が少なくなればなるほど敵対は増大する、等々。（……）

　シュミットがわれわれの現代のうちに巧妙に告発する中立化と脱政治化の症候が暴露することになるのは何か？　実に、過剰な、あるいは超過的な政治化なのだ。政治は少なければ少ないほど多い、敵は少なければ少ないほど多い。友の数は、正確に同じリズム、同じ割合で増える。（……）われわれはただ、政治的なものについてのこの言説の、過剰な常識と同盟を結ぶ狂気の言説の核心にある、廃墟の、あるいは幽霊性の原理を形式化しただけである。(7)

このようにして描き出されたのは、私たちの時代が、政治的に、どのように継ぎ目が外れているかということにほかなりません。グローバル化によって国民国家間の障壁が低くなり、民衆が「自由に」往来するようになればなるほど、シュミット的に考えれば、主権国家に集約される古典的な政治の力は減少します。そのとき、しかし、敵は単純にいなくなるのではなく、稀少化された、ありえそうにないものになりつつも、その例外性に潜勢的に規定されて、同定されえないまま、限定されえないまま増えていくのです。そして、友もまた、同定されえないまま増えていくでしょう。この仮設は、具体的な政治状況において、さまざまな思考の可能性を開きます。

例えば、現在の韓国、あるいは日本の社会運動のなかで、この間多くなってきているように、私たちの世代がかつて、あるいはしばらく経験したことのない敵対性の出現に遭遇したとき、私たちはこの現象を、古い時代、韓国であれば独裁期への、日本であれば戦前への回帰のように、すなわち、古典的な対立の構図で捉えるべきでしょうか？　それとも、ここでデリダがシュミットから引き出し変形した図式に従って、かつてない脱政治化の進行による、かつてない、逆説的な超政治化の徴候とみなすべきでしょうか？　この後者の仮設に立つとき、私たちは、少なくともこれまでとは違った風に政治的存在としての私たちのあり方に注意深くなり、政治的状況における判断のための時間を、これまでとは異なる情動とともにみずからに与えることになるでしょう。時代の腐敗に対する、継ぎ目の外れた時間に対する、またそれを修復しなければならない生まれつきの義務に対するハムレットの二重の嘆きに、私たち自身の姿を、別の仕方で認めるようになるでしょう。彼と同じく、私たちはみな、正義を行うために生まれてきたのだと私は信じています。私たちが現在生きている不正はみな私たちが生まれる前の過去に根があり、しかもそれを正すことが私たちの義務なのです。ハムレットの嘆き、ハムレットの狂気とともに、彼の機知もまた、私たちのものでありうるはずです。

The time is out of joint というハムレットの科白、そしてそれをめぐるデリダの考察は、九〇年代半ば以降、東アジアの、あるいは中東の、植民地的ないしポスト植民地的状況を想像し、思考し、分析することを試みるとき、つねに私の導きの糸になってくれた言葉でした。遭遇し、対面する機会が次第に多くなり、実際に言葉をかわしながらも、時代経験が、時間感覚が、あまりに隔絶していることをそのつどたがいに確認せざるをえない人々の間でこそ、いま、これまでにない政治の空間が発明されなければなりません。その隔絶は、先進国と第三世界、侵略国と被侵略国、新旧の植民地とその宗主国の間ばかりでなく、家族のなかにも、民族の「内部」にも、友人の、恋人の間にも、ときに鋭く感知されます。その具体的な事例は討論のなかで見ていくことができるでしょう。この時代の不正、継ぎ目の外れた時間のなかで私たちがなすべきことは、単に時間の関節を継ぎ直し歴史に「整骨」を施すこと、ついにふたたび単線化した民族、国家、政治共同体の物語を再構築することではなく、社会的計算、「過去清算」に還元されないような、いまだ私たちが知らない来たるべき正義に、個人的、集団的に、みずからを開くことなのではないでしょうか。

「死せる叡智」と「生ける狂気」――〈さまよえる星〉の比較文学

I 「惑星」の発見

「惑星」Planet という言葉がギリシャ語の *πλάνης* に由来すること、この文献学的事実が二十世紀中葉以降の思想や文学においてどんな思考を挑発してきたか、まずこの点から私の報告を始めさせていただきます。ギリシャ語の辞典を参照しますと、この言葉は古代において、まず「放浪者」Wanderer を、続いてヨーロッパ近代諸語に受け継がれた「惑星」の意味を持っていたことが分かります。つまりこの言葉は、天動説が信じられていた時代、天空を移動する物象のなかで、規則的に運行しないもの、不規則な動きを示すもの、月や太陽も含むそのような天体に関する観察から生まれたものでした。「地球」Globe が「大地」Terra, Earth の形態を指示する言葉であり、みずからの〈足下〉の感覚から出発し、いくつもの仮設を通して、何世紀もかけて、推論によって証明されなくてはならない事柄だったのに対し、「惑星」とは、〈頭上〉に、他なるものとして、視覚的直観に与えられた現象であり、その運動を指示する言葉でした。したがってこの言葉は、地動説とともに、〈足下〉の「大地」もまたそのような「惑星」の一つであることが明らかになったときの転倒の眩暈を、いまにいたるまで記録に留め、証言しているとも言えるかも知れません。

『永遠平和のために』（一七九五）のカントにとっては、大地が球状であること、つまりglo-bality、〈全球性〉に、「自然のひそかな意図」を読み取ることが問題でした。第三確定条項の普遍的歓待（allgemeine Hospitalität）に関連して彼はこう述べています。「この訪問の権利は、地球表面の共同所有権に基づいて互いに友好を結び合うよう、すべての人間にそなわる権利である。つまり地球の表面は球面で、人間は無限に分散して拡がることはできず、結局は並存することを互いに忍び合わねばならないのであるが、しかし根源的には誰ひとりとして地上のある場所にいることについて、他人よりも多くの権利をもつものではないからである。」カントにおける目的論の構造は大変複雑であり、今日はその点に詳しく立ち入ることはできません。ここではさしあたり、世界公民的秩序の確立に至るまで、どんな空間の領有権も暫定的に留まるというラディカルなテーゼが、〈球〉という幾何学的形象の、ある閉ざされた全体性を根拠に主張されていること、この形象に、思考の内容を積極的に規定はしないとしても、それを方向づける統整理念的な地位が付与されていることにのみ注意しておきたいと思います。

それに対し、「惑星的」という表現がヨーロッパ思想の文脈で用いられるようになったのは、一九三五年に執筆されながら五三年まで出版されなかった、ハイデガーの『形而上学入門』以後のことであるように思われます。フライブルク大学総長辞任直後のこの著作で、ナチスの公認哲学とは峻別されるべきであると彼が考えた、「この運動の内的真理と偉大さ」を説明する文脈で、ハイデガーは、「地球全体の惑星的本質から規定されている技術と近代的人間の出会い」（Begegnung der planetarisch bestimmten Technik und des neuzeitlichen Menschen）という表現を用います。「惑星（的）」という言葉は、『存在の問いへ』（*Zur Seinsfrage*, 1959）など、戦後の著作にもたびたび登場します。そこには、存在忘却のために、真理の追求自体によって、技術による全自然の支配という迷誤のうちを彷徨する定めを負った人間の歴運が集約的に表現されています。「形而上学の超克」（一九三六―四六）では、この事態は、「差異の喪失」という観点から記述されることになります。

差異の喪失（Unterschiedlosigkeit）は、〈存在から見放されていること〉という非世界（Unwelt）の、すでに確保された存立を証明する。大地（Erde）は迷誤（Irrnis）の非世界として出現する。大地は、存在歴史的には、惑星、すなわち迷える星（Irrstern）であ

る。(1)

フランス語圏において、後期ハイデガーの思考のこのような契機を踏まえて展開された哲学的探求では、この〈さまよい〉というモチーフに、ハイデガーとは別の情調を響かせ、別のひねりを加えることで、思索の方向をひそかに転位することがさまざまに試みられました。とはいえ、ジャック・デリダの著作に、「惑星」という言葉は、さほど頻繁に用いられているようにはみえません。しかし、一九八三年にユネスコが企画した『アパルトヘイトに反対する美術展』のカタログに発表された「人種主義の最後の言葉」には、人種隔離政策撤廃の日まで、南アフリカの国外をさまよう運命を負ったこの巡回展について、次のような考察が展開されていました。

この展覧会の運動はいまだいかなる時間にも、存在する、そして今日計測可能ないかなる空間にも属していない。その走行＝運行（course）は急がせる、先取りして記念する、この展覧会がそれである出来事をではなく、それが呼び求める出来事を。この運行は、要するに、衛星のそれでもあり、惑星のそれでもある。惑星とは、その名が示しているが、まずさまよいに、この場合にはその終わりが保証されていない移住に運命づけられた天体＝

身体（corps）のことである。(2)

この展覧会には世界各地から八十一人の美術家が作品を寄贈し、十一人の作家、歴史家、哲学者、科学者がカタログに文章を寄せたのですが、デリダはこの展覧会が開いた〈場〉をいっさいの存在論的規定から引き去ることを望み、そのときその運動を「惑星的」なものとして提示したのです。ハイデガーが「差異の喪失」を見たところに、その喪失そのものを条件としてはじめて思考されうる別の差異、〈差延〉の運動を見ようとしたのだと言ってもいいでしょう。そしてここではその運動に、彼の公的な発言のなかではおそらく初めて、具体的な政治的含意を認めようとしたのでした。

II 〈テレイオポイエーシス〉

二十年後にガヤトリ・スピヴァクが『ある学問の死』（二〇〇三）において「惑星性」というモチーフに訴えたとき、デリダによるこの用法が念頭にあったかどうか、私には判断がつきません。少なくとも、ハイデガーに遡る思考の系譜には、この語の語源とともに、明示的な参照はなされていないようです。

ジャック・デリダは『友愛のポリティックス』（一九九四）で、ニーチェのいくつかの断章の分析を通して、〈テレイオポイエーシス〉と彼が命名する特異なテクストの運動を引き出します。スピヴァクはこれを独自に組み替えて、彼女自身の「惑星」的比較文学の方法に錬成し直すことになります。まず、デリダの作業から見ていくことにしましょう。

デリダにとって友愛の思考とは、一貫して「距離」にかかわるものです。ニーチェが唱えた遠近法主義は、文献学者という彼の出自と切り離しがたく、相続した過去の思想的、文化的遺産のうち、何が近く、何が遠いかを、通常の時間的ないし空間的尺度にも、既成の価値尺度にも準拠せず、能動的、創設的に決定することです。さらに言えば、「近さ」とは、「遠さ」とは、そもそも何を意味するのか、どのような価値であるのかまで含めて、この遠近法の創設以前には決定されていないことになります。そして友愛は、それが「距離」にかかわる経験であるかぎりで、この遠近法によって創設されるべき価値のひとつであるばかりでなく、遠近法の創設と外延を同じくすること、ニーチェのエクリチュールの主題のひとつであるばかりでなく、その隅々にまで浸透している特異な運動でもあることが明らかになります。

〈テレイオポイエーシス〉(téléiopoïesis)とは、ニーチェのテクストに働いているこのような友愛の力の作用を、constative であると同時に performative でもあるような、あるいはむしろ、なんらかの約定および意志を前提とするどんな performativity をも超えた、したがってニーチェ自身の「力への意志」の教説さえ逸脱するような出来事として記述するためにデリダが考案した言葉です。«téléio-»という接頭辞のなかで、ギリシア語のτέλεος（「完全な」「最後の」）とτηλου（「遠くに」「遠く離れて」）という二つの語義が重ね合わされ、ひとつの文のなかで、その文よって、ある距離が創設されると同時に走破される、友愛が求められると同時に実現される（ποιέω「作る」「生じさせる」「ある状態にする」）、したがって読者は、それを読むだけですでに同意の署名をしてしまっている、そのような「距離の詩学」のことを意味します。やや長くなりますが、デリダ自身の言葉を引用しましょう。

> 節約して——また、見せかけのこの絶対的エコノミーを、本体のない、移植による、行為遂行と事実確認の合同的かつ同時的な生殖を一語で形式化するために——、このような文の出来事、この思いがけない到来の「論理」、その「発生論」、その「レトリック」、その「歴史的なもの」、その「政治」等々を、〈テレイオポイエーシス〉的なものと呼ぼう。*teleiopoiōs* と形容されるのは、たくさんのコンテクストおよび意味論的秩序において、絶対的な、完全な、完成した、終了した、完了した、終結したものにするものであり、完成=終焉に到達させるものである。しかし、もう一つの *télé* とも戯れることを許していただきたい——距離と遠さを言う télé とも。というのも、ここで問題となるのは、まさに、遠隔的な距離の詩学であり、文の構造そのものによる空間の踏み越えにおける絶対的

な加速化であるからだ（その文は終わりから司令する、他者の署名においておのれを初動させる）。（……）けれども、そのことが到来するのは例の文の自己‐遠隔‐触発においてでしかないのだから、それがその読者を含み込む、あるいは飲み込む限りで、完璧を期すとすれば、まさしく、〈自己テレイオポイエーシス〉的なものを語らなくてはなるまい。われわれは短く〈テレイオポイエーシス〉的なものと言うだろう。だが、今からすでに、そこにはあらかじめ、自己、友および敵に対する友愛が含み込まれていることを示唆しておこう。(3)

『友愛のポリティックス』は、ディオゲネス・ラエルティオスによって、臨終を迎えたアリストテレスに帰せられたある言葉の、おそらくは誤読による伝承化に注目します。「おおわが友たちよ、一人も友がいない」というその言葉は、文献学的には「多くの友がいる者には一人も友がいない」とする読みのほうに分があるようで、アリストテレスの『エウデモス倫理学』にも同義の文章が見出されるところから、日本語訳の『ギリシア哲学者列伝』もこちらの読みを採用しています。しかし、モンテーニュ、カント、ニーチェ、ブランショなど多くの思想家が、数世紀にわたって、呼びかけと慨嘆の奇妙な接ぎ木からなるパラドクスのほうを好み、その引用にみずからの思考のある局面を託してきたのでした。このパラドクスはなぜ愛されてきたのか。デリダの友愛の思考は、この問いを繰り返し問い直し、このパラドクスのいくつもの解釈を試みながら展開していきます。そしてニーチェは、この伝承のなかで、この言葉のもっとも大胆かつ深遠なパロディを試みた人でもありました。


（……）そしておそらく、誰にも、よろこびの時もまた来るだろう、その人がこのように言う時が。

「友たちよ、友がいない！」と死にゆく賢人は叫んだ。

「敵たちよ、敵がいない！」と生ける狂人である私は叫ぶ。

（『人間的な、あまりに人間的な』）(4)


将来、「おそらく」、「もしかすると」（vielleicht）到来するかもしれない「よろこびの時」。これは先取りされた引用であり、地の文の未来形、引用符なき引用文中の過去形と現在形が、そこでは複雑に絡み合っています。それは任意の者に到来しうる出来事であり、誰もそこから排除されていない以上、読者もまた、作者に呼びかけられる不在の友あるいは敵として、このテクストにあらかじめ書き込まれています。友／敵、過去／現在、死せる／生ける、賢人／狂人、「アリストテレス」／「ニーチェ」……。しかし、デリダが示唆するように、こうした二項対立はすべて、この「賢人」と「狂人」が、おそらく別人ではないのではないかという疑いを読者の耳に囁くために、過度にコントラストを強調されているようにもみえます。反転を止めない〈テレイオポイエーシス〉の「論理」は、「死せる賢人」も別の意味では「生きている」という解釈すらも誘引しうるものです。

III　彗星のように……

『友愛のポリティックス』におけるデリダの主要な仮設は、西洋的な友愛の規範はつねに〈兄弟〉の形象を特権化してきたこと、政治的なものの概念は根本的にこの構造に規定されていて、〈姉妹〉は〈兄弟〉に同化しない限り、そこから排除されてきたのではないかというものです。ニーチェによる友の敵への、敵の友への転倒、友および敵の狂気にいたるまでの決定不可能性の肯定は、「安定」を不可欠な徳として要求してきたギリシャ以来の友愛の思想の終焉をしるし、敵と友の「差異の喪失」を経験することになる「惑星」的な二十世紀のおそるべき予見でした。とはいえニーチェ的転倒はこの規範の内的な矛盾を徹底的に暴いたものではあれ、男性中心的な友愛の伝統の単純な外部でなされたわけではありません。

『ある学問の死』でスピヴァクが〈テレイオポイエーシス〉を比較文学の方法へと組み替えていくとき、ヴァージニア・ウルフの『自分だけの部屋』(*A Room of One's Own*)を、友愛の空間に女性が参入するとき何が起きるのかという『友愛のポリティックス』の問題関心を「予描する」ものとして詳細に検討していることは、時間の関係のため立ち入って検討することはできませんが、この点からみて非常に重要です。彼女が西ベンガルで長年続けているサバルタン領域の女性たちとの教育的作業と、一九二八年のイギリスの女性作家が強調した、何も書き残さずに死んだシェイクスピアの妹の生まれ変わりであるような女性が「到来する」(she would come) 可能性のために「仕事をする」意義とのあいだに、スピヴァクは文字通り〈テレイオポイエーシス〉的な関係を見出しているからです。このことを通してスピヴァクは、『友愛のポリティックス』ではさしあたりニーチェ読解に限定されていたこの言葉の適用範囲を可能な限り拡大していきます。あらゆるポイエーシスが〈テレイオポイエーシス〉とみなされるとき、そこに垣間見えてくるものが、スピヴァクが語る「惑星」なのだと言ってもいいでしょう。

先に触れたデリダによるニーチェ解釈に、スピヴァクは二度、「共現前的類比」(appresentational analogy) というフッサールの概念を援用してアプローチしています。他我は自我との類比を通して構成されるほかなく、他我ならぬ他者は現象学的明証性においてはけっして直観に与えられないこと、だからこそニーチェ的友愛は安定することがなく、友は敵に、善は悪に、つねに反転可能であることが〈テレイオポイエーシス〉の条件として示唆されています。

一方「惑星」というモチーフについて、スピヴァクはこう述べています。

惑星という言葉を呼び出してくるときにわたしが考えているのは、この非派生的な直観の（不）可能性〔the (im)possibility of this underived intuition〕を形象化するために必要とされる努力のことなのである。(5)

続く段落にも「他なるものは私たちから派生せざるものにとどまる〔alterity remains underived from us〕」という表現が見られ、フッサールという補助線が、〈テレイオポイエーシス〉と「惑星性」という二つのモチーフを結んでいることがうかがえます。

人間であるということは他者志向的であるということだ。私たちは、このように生きることを与える贈与の起源〔the origin of this animating gift〕であると私たちが考えるものについて、さまざまな超越論的形象化〔transcendental figurations〕を私たち自身のために配備する。母、ネーション、神、自然など。これらはいずれも、その根底性の度合いには差があるにしても、他なるものを指す名なのだ。惑星思考は、そのような名の、網羅不可能な分類学を抱擁する可能性を開いてくれる。(6)

この一節の「形象化」(figuration)という言葉をポイエーシスと読み替えるなら、環境主義的な「私たちの地球」(our Planet)ではなく、〈テレイオポイエーシス〉の場としての「他者たちの惑星」(a planet of others)が浮かび上がってくるでしょう。「母」「ネーション」「神」「自然」などなどと形象=文彩化されたものたちを、「私」や「私たち」の再固有化の欲望から切断し、それぞれに固有な他者性において再考することを命じる名、それでいてなお、ややスピノザ的実体に似た、ある開かれた全体性を指示する名として、スピヴァクは「惑星」を名指したのだと考えることが許されるように思います。

もっとも、スピヴァク自身はこの著作の出版後まもなく「惑星」という言葉を使わなくなります。その理由は、『スピヴァク、日本で語る』に収められた二〇〇七年七月の一橋大学における講演「人文学における学問的アクティヴィズム」ののちの質疑応答で触れられています(7)。時間が残されていないためこの点にこれ以上触れることはできません。「惑星」というモチーフは、いわば彗星のように、スピヴァクの著作のなかに一瞬の光芒を残して消えていきました。しかし、その痕跡には魅力的な挑発的思考の数々が秘められていて、その呼びかけに身をさらすことを読者に求めて止みません。

神の裁きからの演劇の〈誕生〉――『バルコン』から『オルダリ』へ

アイスキュロスの『ペルシャ人』は現存するアッティカ悲劇中最古の作品である。前四七二年のディオニューシア祭で好評を博し、作者はこの年に発表した四部作（他の三作は『ピーネウス』『グラウコス』およびサチュロス劇『プロメーテウス』。いずれも現存しない）で優勝したと伝えられる。アイスキュロス自身が参加したと言われるサラミースの海戦の八年後、作者にも、役者にも、観客にも、いまだ生々しく記憶が残存していたであろう時期である。この作品は祖国防衛戦争の勝利に沸くアテナイではなく、予期せぬ大敗に打ちのめされた敵国ペルシャの都スーサを描く。使者が伝えるペルシャ軍壊滅の真相、ペルシャ人の屍が累々と波間に浮かぶ海上の光景、失意の王クセルクセースの嘆き。エドワード・W・サイードは、『ペルシャ人』を文学的オリエンタリズムと呼ぶべきものの起源に位置づける。

ここで重要なのは、アジアがヨーロッパの想像力を媒介とし、その力を借りて語りかけているという点である。しかもそのヨーロッパは、海の彼方にある、敵意にみちた「別」世界としてのアジアに対し、勝利を収めるものとして描かれているのである。アジアには空漠感や喪失感、災禍の感覚が与えられている。それらは以後も、オリエントが西洋に挑戦を行うたびに、そのみかえりとしてオリエントに割り当てられていったもののように思われる。また、栄光にみちた過去には、アジアがもっと盛んな時期もあったし、アジアがヨーロッパに打ち勝ったこともあったのに、という悲嘆も、同時にアジアには与えられている。(1)

西洋による東洋の代行＝表象の歴史、ついには東洋がそれなしには自己を表象できなくなるまでに至る一つの歴史が、サイードによればまさにこの作品から始まるのだ。専制的なアジアと民主的なギリシャ＝ヨーロッパという二分法もすでに配置についている。以後アジアには、アジアであることの不運を嘆く役回りしか与えられないだろう。「正しい」勝者の凱歌の蔭で宿命の哀歌がいつ果てるともなく続くだろう。

サイードのこのような理解は、西洋における以後二千五百年間の『ペルシャ人』の支配的な受容様式の概観としては過不足ないものだろう。初上演の際の好評の理由としても、つい近年まで、彼が強調した論点は大半のギリシャ研究者に共有されていた。ペリクレースのこの時代、墓碑銘に刻まれた戦死者の追悼文が、敗れ去った敵の嘆きを、アテナイの戦士＝市民への礼賛のごとく喚起することは稀ではなかった。『ペルシャ人』はこのような戦闘的なポリスのイデオロギーの演劇的表現と考えられ、舞台上で演じられた敵の悲嘆に観客は歓喜をもって応じたものと想像されてきた。

だが、もしアテナイ市民のこの作品に対する反応がこのような理解で言い尽くされうるとしたら、『ペルシャ人』をどのような意味でなお悲劇と呼びうるだろう？　悲劇的効果とはそれほど単純なものだろうか？　『ペルシャ人』がこのような理由で成功を収めたのだとしたら、アッティカ悲劇の作者はなぜ、アイスキュロス自身も含め、この作品以後、当代の出来事に背を向けて、もっぱら神話時代に題材を求めるようになったのか？　通常われわれがギリシャ悲劇として思い描く作品群は、『ペルシャ人』の成功の裏で起きたある出来事、おそらくは演劇的情動の構造に深くかかわる出来事を機縁として成立したのではないか？

ニコル・ロローはアッティカ悲劇の根本性格をその「反ポリス性」に求める。政治を合意の実践とみなすにせよ、あるいは共同体に本質的な抗争性とみなすにせよ、ポリスの厳格な市民秩序の事実上の逸脱（たとえばエレクトラ）、あるいはその秩序への公然たる反抗（たとえばアンティゴネー）をいずれも含むような「反ポリス性」が、悲劇をポリスの他の共同的実践から区別する。そして、つねに多少とも女性的とみなされた哀悼のパトスの表出は、その「反ポリス性」において、悲劇の不可欠の構成要素となった。(2)

舞台と客席を含む演劇空間は、とはいえ、ポリスのまったくの外部であることはできない。悲劇作者は台詞のどこかに「われわれ」が勝者であることを想起する一言を挟まねばならない。それでもなお、ロローが考えるように、「愛国心と共苦の、快と苦の微妙な配合」(3)によって『ペルシャ人』が作者の予想を超えた強烈な共苦を呼び覚まし、あまりに大きな「異化作用」を観客に及ぼしたのだとすれば、悲劇というジャンルに潜んでいた固有の危険、なによりまずポリスにとっての危険を、人々はこの作品によってはじめて経験したことになる。のちにアリストテレスが「哀れみ」と名づける悲劇的パトスは、ギリシャ人にとって、現実的な喪失をともなう、鎮静効果などまったくない激情だった。「哀れみはたしかにポリス的情動ではなくそうではありえない（……）。都市国家アテナイの〔ペルシャ戦後の〕帝国主義的展望において、哀れみは他者を同類のように遇することを意味するがゆえに高度に危険(4)」になった。このロローの仮設に従えば、悲劇作者たちはディオニュソス神の庇護のもとみずから手がけてきたジャンル自体に恐れをなし、当代の題材から撤退したことになる。

『ペルシャ人』とその後の悲劇群との本質的な差異は、もうひとつ、この作品に先王ダレイオースの亡霊が登場することにも表れている。『ドイツ悲哀劇の根源』のベンヤミンは、「古代悲劇の対象は歴史ではなく神話であって、悲劇的な位置が劇の登場人物たちに定められているのは、身分——絶対的王位——によってではなく、彼らのいまの生活の前史時代——過ぎ去った英雄時代——による[5]」と述べ、「われわれは、古人たちにならって機械装置のなかから一人の神を呼びだすのではなく、墓のなかから一人の亡霊を呼びだしている[6]」というグリューフィウスの言葉を引く。近代における演劇と政治の関係の考察にいまや不可欠なこの論考に、『ペルシャ人』におけるダレイオースの亡霊は、いわば必然的に場を持たないのである。

もちろんクセルクセースの父とハムレットの父は、同じ亡霊といってもまったく役柄が異なる。ダレイオースは息子に復讐を求めに来るのではなく、君主にふさわしからぬ息子の過誤を、真の君主として、破局に直面しつつも不思議に冷静な彼の妻アトッサに解き明かしに来るのである。それでも、君主制の歴史劇における亡き王の霊という構造はこのように古代悲劇にも不在ではなかったとすれば、そしてアッティカ悲劇の機械仕掛けの神が、『ペルシャ人』が垣間みせたこのジャンルに固有の潜在的危険に対する防衛として求められた起源の代補であるとすれば、神よりも前にすでに亡霊が舞台に現れていたのだとすれば、古代と近代の演劇についてのベンヤミンのテーゼ群はどのような屈折を蒙ることになるのか？　この問いをさしあたり開いたまま、本稿の導きの糸としたい。

悲劇がこのようにポリスとの葛藤を潜在させながらも当代と神話時代の差異のうちにその展

開の空間を見いだしたのに対し、喜劇は、とりわけペロポンネーソス戦争のさなかに成立したアリストパネースのそれは、当代の主題を直接に扱いつつ、ポリスの秩序に公然と挑戦した。その異議申し立ての構造についても、ロローをはじめ、ニーチェやハイデガーについての近年の諸解釈や精神分析、フェミニズムの多様な理論展開を踏まえた新しい世代のギリシャ研究者の知見には注目すべきものが多い。だがここではこれらの業績に直接には触れず、現代の戦争と喜劇の関係について、ジャック・ラカンがジャン・ジュネの『バルコン』に即して提示した考察を瞥見しよう。

今日セミネール五巻『無意識の形成物』に収められているラカンの『バルコン』論は、一九五八年三月五日の日付を持つ。当時のフランスの中道左派ギィ・モレ政権はアルジェリア独立要求の圧殺に血道を上げ、アルジェの旧市街メディナを拠点とするアルジェリア民族解放戦線に対し、インドシナから転戦した落下傘部隊のフランス軍を投入し、無差別逮捕と組織的拷問によって独立の意志を挫こうとした。この「アルジェの闘い」は一九五七年一月から九ヵ月続き、その間にフランスは国際的孤立を深め、モレ政権は倒れた。そして一九五八年五月十三日にはアルジェでコロンと現地軍のクーデタが起き、反乱軍に与する空挺部隊はコルシカを占領、フランスは内戦の瀬戸際に立ち至ることになる。ラカンが『バルコン』を取り上げたのは、このように、第四共和制の体制的危機が植民地戦争の泥沼化によってもっとも深まった時期であり、彼が次のように述べたとき、そこにフランスが当時みずからを追い込んでいた状況が重ね合わされていたことは疑いない。

それ〔喜劇〕が出現するに至るのはつねになんらかの危機の時期です。無分別な一連の誤った選択とポリスの掟への従属がアテナイを文字通り破滅に導いたのですが、アテナイのこの窮状が頂点に達した時、アリストパネースは、われわれは出口なき戦争に倦み疲れた、わが家でぬくもり妻に再会するに勝ることはないと言うことによって覚醒を図ったのです。これは厳密に言えば道徳として提起されたのではありません。示唆されているのは、人間はその境遇との本質的関係を取り戻すべきだということです。もっとも、この論理連関がそれほど健全かどうかはここで知ろうとするには及びませんが。(7)

ペロポンネーソス戦争期のアテナイとアルジェリア戦争期のフランスのこの明白な類比の上に、ラカンは『バルコン』を、古代喜劇の「きわめて特異で並外れた再出現」とみなす。ジュネはのちにアルジェリア戦争に取材した『屏風』を発表し、彼の演劇とこの戦争の関係は一般にこの後者の作品に即して論じられてきた。しかし、『屏風』と『黒んぼたち』が植民地を舞台とし西洋の他者である人々の解放の問いをめぐって展開するのに対し、内戦期のスペインを思わせるヨーロッパの君主制国家を背景とする『バルコン』において、政治と演劇をめぐるジュネの探求はその頂点の一つを極めたとも言える。その意味でラカンの分析は、きわめて簡略ではあるが、この作品についてなされるべき政治的読解の重要な手がかりとなりうるものである。

『バルコン』の主要な舞台はある高級娼家である。そこへやってくる中産階級の客たちは、各自望みの人物の衣装に身を包むことではじめておのれの欲望をかきたてることができる。冒頭の三景は、〈司教〉、〈判事〉、〈将軍〉に扮するこれらの男たちと娼婦たちの、抱腹絶倒の掛け合いである。コスプレが一般化した今日、これらの場面は一九五〇年代の当時ほど衝撃的ではないかも知れない。だが、この三つの職業は任意のものではない。ラカンによれば、それらはどれも言葉への信にかかわり、信に支えられた言葉の力に依拠する特殊な職業である。「キリストによって聖ペテロの後継者に付与された(8)」司教の権力は、言葉によって罪を定め、また罪を赦す。判事はその判決の言葉によって断罪し処罰する。将軍の言葉による命令は、巨万の兵士たちを、みずからの身を危険にさらして殺傷と破壊の義務へおもむかせる。

だが『バルコン』の男たちは、社会をその根底で支えるこれらの言語行為を、その深刻な責任を引き受けて遂行するのではない。彼らはその役割を、「倒錯」的に享楽するのである。フランス語で娼家を意味する語 bordel は、手のつけられない混乱も意味する。どの文化も人間と言葉の関係にかかわる特定の起源の神話によって定義されるとしても、社会が示すのはつねにその堕落した姿でしかない。その意味で、社会そのものがつねにすでにbordelであり、『バルコン』は、第二の意味のbordelが隠されつつあらわになる場として第一の意味のbordelを舞台化するのである。

ラカンによれば悲劇とは、人間と言葉の関係をその宿命性において表象するものである。それは、家族のレベルと共同体のレベルとで言葉との関係が異なる人間の宿命である。だからこそ『アンティゴネー』が、悲劇の頂点、その歴史的本質の実現とみなされうるのである。それに対し喜劇においては、人間は言葉と、悲劇の場合とは別の関係を持とうとする。ラカンは喜劇を、キリスト教の聖体拝領、ミサにおけるキリストの身体の共食に結びつける。喜劇がミサと共有しているのはその儀礼的性格ではなく、ラカンがミサに認めるその本質的な享楽性である。それは共同体の成員同士を結びつける当のもの、キリスト＝原父の身体の「物質性」を同化し、吸収し、消化することで享楽する営みである。その営みの果てに、十全に展開された喜劇では、「主体のそのシニフィエとの関係」[9]があらわになる。ラカンにとって主体とはあるシニフィアンが別のシニフィアンに対して代行＝表象するものであるが、このような主体の「シニフィエ」とは、もちろんファロスにほかならない。

『バルコン』の娼家の外では民衆が蜂起している。王政はもはや風前の灯火である。軍隊も、官僚組織も崩壊した。体制の最後の拠り所はもはや警察だけである。「社会がその無秩序のきわみに至ったとき」「秩序は警察に還元される」[10]。警察は、秩序は秩序であるというまさにその理由だけで維持されなくてはならないという、一切の内容を欠いた命題を体現する。そして、まさにその点で、言語記号の恣意性に接近するのである。

『バルコン』が設定する状況のアイロニーは、倒錯は実に多様でありおよそどんな職業でも誰かの欲望を媒介するイメージを提供しうるのに、ただ警官だけがこのロールプレイのリストから排除されているという点にある。この娼家で、警視総監になることを求めた客はこれまで一人もいない。もちろんこれはジュネの「仮設」であり、ラカンは警視総監のイメージに同一化して享楽しようとした男が現実にいなかったかどうかは不明であると断っている。しかし、警察が恣意的な秩序の維持であり、警視総監が「一切の権力の最終項」でありその「残滓」である限りで、それは想像的なものの他者とみなされうる。ここにラカンにとっての、ジュネのこの仮設の魅力がある。いまや秩序の維持がその一身にかかっている警視総監ジョルジュは、体制の転覆が刻々と迫る例外状況のさなか、彼のかつての愛人が経営する娼家に現れ、自分のイメージに同一化することを求める男の到来を待ちわびる。

一方蜂起する民衆の中心には配管工のロジェと、彼の手引きで娼家を脱出し革命派に加わった元娼婦のシャンタルのカップルがいる。シャンタルはいまや革命の〈旗〉、〈自由の女神〉である。そしてまた、彼女の名――シャンタル Chantal はフランス語の歌 chant に通じる――が示唆するように、革命の〈歌姫〉でもある。

だが、シャンタルが体現する革命の理念、すなわち全体的人間の実現を信ずるプロレタリアの意識に対し、警視総監は、革命の前も後も、社会はつねに bordel であることを疑わない。やがて娼家を王宮の廷臣が訪れ、生死不明の女王に代わって女主人イルマに〈女王〉として民衆の前に登場することを要請する。娼家のなかの〈司教〉、〈判事〉、〈将軍〉も、〈女王〉とともにいまや外界に出なければならない。娼家のバルコンに現れたかつての主人である〈女王〉との対決の場で、〈革命の女神〉シャンタルは射殺される。そして街頭に繰り出した〈女王〉一行のパレードを、民衆は歓呼して迎える。

革命はこうして挫折する。警視総監は、相変わらず〈警視総監〉になることを求めて娼家にやって来る男を待ちながら、〈司教〉〈判事〉〈将軍〉のイメージに劣らず欲望をそそりうる、彼の職業を象徴するイメージを模索する。旧秩序は復権した。だが、いまやその「王政復古」後のイメージは娼家のそれと同質であることがあらわになった。警視総監は、おのれのイメージを欠いたまま、「自分だけが秩序であること」、「最終的には鉄拳以外何もない」ことを証明した人物として隠然と君臨する。

ここでラカンが彼を、「政治共同体に唯一で容易な同一化を差し出すタイプの人物、すなわち独裁者」[11]の範型とみなし、フロイトによる自我理想の発見がこのタイプの政治的人間の出現と同時であったと述べていることに注意したい。それに対し、教会や裁判所や軍隊の長の伝統的な象徴的権力は、昇華ではなくある種のエロス化を通して超自我を形成する。この理由からこれらの長のイメージは強烈な性的喚起力を発揮するのだが、警察の長のイメージにはそれがない。それでもなおおのれの権力のイメージを求める警視総監は、ついにファロスのそれにたどり着く。これは、ある意味ではジュネにしか思いつかない着想ではあるが、別の意味ではきわめて論理的な帰結でもある。娼家がそれのためにあるところの当のもの、警察とはそれ以外の何ものでもないからだ。警視総監のこの発案にたじろぎながらも、〈司教〉はファロスを聖霊の鳩にすることを、〈将軍〉はそれを国旗の色に塗ることを提案する。このやりとりに、ラカンは政教妥協《コンコルダ》の冒瀆的な寓意を見る。

だがそのとき、待望久しいメシアのように、〈警視総監〉になることを求める男がついに現れる。それは昨日までの革命の指導者ロジェである。警視総監の名ジョルジュ Georges とロジェ Roger はアナグラムの関係にあり、彼らがたがいの分身であることは予告されていた。ロジェは、しかし、〈警視総監〉の服に身を包むとみずから去勢を図る。この戯曲のここまでの論理からすれば、すべてのイメージが——警察の力に支えられて——「現実」となりえた以上、イメージの〈警視総監〉の自己去勢が「現実」の去勢を引き起こしても不思議ではない。

だが、ジョルジュは一瞬不安を覚えつつも自分の性器の無事を確かめる。そして、おのれの権力の永続を確信して奇妙な――それ自体男根的な形姿の――墳墓の中へ姿を消す。

この大団円についてのラカンの解釈は次のようなものである。真の人間的価値の実現を目指し、「娼家＝社会的無秩序〔bordel〕がその安定、その規範、十全に人間的なものとして受け入れうるなにものかへのその還元を再び見いだすために闘ってきた男[12]」ロジェが、bordelでしかない社会におのれを（再）統合するにはみずから去勢するほかにない。こうして喜劇においてひとたびシニフィエとして――ただし、あくまで台詞の言葉を通して観客の想像のなかにのみ――出現した「ファロスは、ふたたびシニフィアンの状態に昇進する」。言い換えれば、地上的可能性であることをみずから否定し、シニフィアン、すなわち言葉の創造者である「天上の父」の「イメージ」と一体になるのである。ロジェの娼家への来訪を告げる動転した娼婦の姿がイエスの復活を告げるマグダラのマリアに似ていることや、二千年分の食料を携えて地中の墳墓に消えていくジョルジュがイエスの面影を宿していることなどがこの解釈の傍証とされよう。

ラカンによる『バルコン』のこの解釈の当否はさしあたり問わない。冒頭三幕で祝祭的に展開される言葉の「倒錯」的享楽が、あらゆる安定した社会的表象の解体を極限まで押し進め、歴史的危機におけるファロスの出現という、ラカンが喜劇の古典的機能とみなすもののこの作品における実現の条件を準備することを、彼の理論装置が強力に抽出したことだけは確かである。その一方、この戯曲における女性の登場人物たち、とりわけイルマの役割の重要性、そして娼家の会計係カルメンと彼女の長く重要な対話（第五景）は、この短い分析のうちに場を持たない。より目立たない他の細部からも、ラカンの分析とは別の読解を試みることは可能でもあり必要でもある。ここではしかし、この分析が、政治劇としての『バルコン』の射程の予備的考察に一つの不可欠な視点を提供することを確認するにとどめたい。

『バルコン』は転倒した主権の劇である。これまでこの作品の政治論的解釈は革命の不可能性という主題をめぐってなされることが多かった。しかし、これを同時に主権の劇としても見るならば、革命の不可能性の主題は、社会的秩序の混乱の極大化を、社会的規範の根拠の崩壊を、それ自体「根拠」とし、契機とし、条件として、警察権力が自立化していく過程を描くもうひとつの主題とちょうど裏腹の関係にあることが浮かび上がる。この戯曲における「形式的」主権者は王ではなく女王である。だがその女王も、廷臣の語りのうちで、生死不明のまま、ハンカチに白鳥の刺繍をしているような存在である。それに対し、警視総監の権力奪取は、娼家から生成するもう一つの民衆権力にほかならない。ラカンが指摘するように、この展開はたしかに一九三〇年代のヨーロッパの政治状況を参照しているだろう。

しかし、ファシズムは、まさしく、体制として存続することはなかったのだ。『バルコン』

の解釈は、ここから二つの方向に分岐する。この作品で廷臣が代表する伝統的君主制は、イメージによる民衆支配、「スペクタクルの政治」のエキスパートである。だからこそ、コスプレによる売春が、危機的瞬間に君主権の代補たりうることを知悉していたのだ。このことから、一方では、君主制そのものがつねにすでに娼家のシステムであり、模倣と反復の永遠回帰であると考え、この作品の始まりと終わりは正確に一致するとみなし、要するにこの戯曲が語る出来事の前と後とで、何の変化も、何の出来事も起きなかったとする解釈が可能になる。その場合、民衆叛乱そのものも、娼家＝社会の内部の「演劇」に過ぎなかったことになるだろう。だが他方では、ファロス以外の自己イメージを見いだしえない警察の、剝き出しの力による権力奪取を通じて、「スペクタクルの政治」はその限界に達したとみなし、この出来事の前と後とではもはや何ものも同じではなく、警察そのものがいまやより深刻な混乱の原因と化し、秩序ではなく無秩序の、つねにいっそう深刻化する永遠回帰に道を開くとする解釈も、少なくとも同じ程度に可能なのだ。事実、戯曲は新たな叛乱を予告する機銃掃射の音で終わる。そして、ジュネ自身、この作品上演への指示のなかで次のように述べているのである。「反逆者たちの存在は娼家の中なのか、それとも外なのか？　この曖昧さを最後まで維持しなくてはならない。」（「『バルコン』をいかに演じるか？」[13]）

以上のような二通りの解釈が許される以上、ジュネはこの警察権力の自立化を、単に否定的な出来事として描いたのではないと考えなければならない。[14] それはベンヤミンが『暴力批判論』で指摘したヴァイマール期ドイツのあの状況、本来法維持的暴力であるはずの警察が、みずから、同時に、法措定的に振る舞うに至るあのもうひとつの例外状況を思わせる。警察とは、法措定的暴力と法維持的暴力の区別の脱構築の場である。そのとき警察は、ベンヤミンによれば「幽霊のような遍在性」を帯びる。そして、ジュネによれば、〈神〉に近づくのである。その先に両者が何を見ていたのか、その検討は別の機会に譲り、われわれはここで『ドイツ悲哀劇の根源』に立ち戻らなければならない。

古代の訴訟――ときに刑事訴訟――が対話なのは、判事による審理がなく、原告と被告双方の役割のうえに訴訟が立脚しているからである。訴訟には、一群《コロス》の人びとがつく。その一部は、宣誓団を成し（たとえば古代クレタの法では、当事者たちが宣誓補佐人たち、つまり、素行を証明してくれる者たちといっしょに立証したのであるが、この人びとは、もともと神明裁判では武器まで携えて自派の正しさについて保証した）、また一部は、裁判に対し慈悲を嘆願する被告側の動員団となり、最後に一部は、裁きをくだす民衆集会を成す。[15]

古代悲劇と裁判訴訟の類縁性、あるいはむしろ共根源性の確認は、ソクラテスを主人公とするプラトン的対話を、とりわけソクラテス裁判を扱った『ソクラテスの弁明』および『パイドーン』を、古代悲劇を超克し、本質的に聖人悲劇である近代の悲哀劇を用意するものと考える――シュテファン・ローゼンツヴァイクの『贖いの星』に想を得た――ベンヤミンの主張にとって決定的に重要である。古代悲劇と裁判訴訟はいずれも、それ自体、ここで「神明裁判」と呼ばれているものの超克として成立する。それとしての裁判訴訟が可能となったのは、「(……)生きいきとした弁舌の説得力から一段と高い正義が生まれ(……)神明裁判がロゴスによって打ち破られ」たときである。古代悲劇の英雄は「契約による調停手続きを神々と取り決める。」英雄は「神々のまえで弁明するのをいさぎよしとせず」、その沈黙の「硬い鎧を打ち破る場合」、彼の言葉は「憤怒の叫びとなる。」

この見事な定式から出発し、深化するべき思考の作業は数多い。しかし、われわれは、ここでは、この定式から出発するかわりに、それを遡行しなければならない。というのも、『バルコン』が描く警察の自立化、自己権力化が、ある種の歴史の終焉に似たものだとしても、それとともにわれわれは、二千五百年前、「ロゴスによって打ち破られ」たはずの「神明裁判」の、演劇と裁判とがともにそこから、それを否定することによって生成してきたとされる神の裁きの、まさに亡霊のような回帰に立ち会っているようにも思われるからだ。それとも逆に、われわれわれは、ロゴスの立場からの表象とは裏腹に、「神明裁判」はかつて一度も超克されたことはなく、内なる他者のようにロゴスに取り憑いてきたことを、いま、あらためて、だがかつてなく鋭く思い知らされているのだろうか？　いずれにせよ、演劇はこの問いの帰趨に無関心ではありえない。「神明裁判」とは、『バルコン』が想定している根本的区別、〈司教〉〈判事〉〈将軍〉の象徴的権力と〈警視総監〉の現実的権力の区別が、いまだ、あるいはもはや、意味をなさない決断一般の起源だからである。

エジプト人の女性劇作家サファー・ファティは、文字通り『オルダリ（神明裁判）』と題されたフランス語の作品でこの主題に取り組んだ。彼女のもう一つの作品『テロル』を加えた一巻は、ジャック・デリダの序文「彼女の悪しき霊――無限のための準備」を付して今年（二〇〇四年）春に出版された。フランス語で「神明裁判」を意味するオルダリ ordalie がどこか女の名に似ていると言うデリダは、この作品の企図を次のように理解する。

来たるべきある女の名、『オルダリ』、この戯曲、それはあたかも誰かが、より正確には誰か女が、問いそのものを審問し、さまざまな問いで責め立てているかのようなのだ。問いそのものとは、すなわち、演劇的舞台のある全体をなす歴史を、まさしく ordalium と呼ばれる、あまり知られていないこともままある裁判形式に結びつけるもののことである。

尋問、試練、拷問、判決、そして制裁、そののちに殺害もしくは様々な身体毀損が続くこともある ordalium、それは、知られているように、苛酷な儀礼を通して、威嚇を目的とした手続きの果てに、ある被告の、あるいは推定有罪とされたある女性の運命を、試みの責め苦にも似たもののののち、神の裁きに委ねることである。(……)彼女〔サファー・ファティ〕は、ある「かのように」のフィクションのなかで、こう言ってよければ現実の神明裁判を反復することを選んだ。同時に存在論的、演劇的、精神分析的な意味でそれを反復する〔芝居の稽古をする *répéter*〕ことを。彼女がわれわれに考えさせようとするのは、ある打ち勝ちがたい反復強迫である。彼女が企図したのは、文書に記録されたある神明裁判、いわゆるトゥールの神明裁判を劇場で再現することであり、寓話のように途方もない、だがそれだけいっそう今日の暗い諸力を明らかにするある他の場所へ、それを移送し、移設することによってそうすることである。[16]

フランス語で question préalable と言えば、前提的問いばかりでなく、旧体制下における、裁判に先立つ拷問のことも意味する。この語法は、問いの力そのものの本質的な残酷さを語る。この問いの力の神学的起源を演劇によって、それもある種の残酷演劇[17]によって問うことは、先にベンヤミンに即して見た理由から、同時に、演劇の起源を演劇によって問うことにつながる。

この点で『オルダリ』は『バルコン』と同じく、演劇についての演劇の構造をそなえ、しかもその「自己」言及性が、自己完結することなく演劇の外部へと開かれている作品である。

トゥールの神明裁判とは、数世紀前、修道女を妊娠させた疑いをかけられた大司教が無罪放免となった出来事である。大司教を救ったのは「神」と、「神」から授権したとされる王だった。大司教はいくつかの身体的試練に耐えた（とされた）。そして、「奇蹟」が起きた。修道女が生んだ子供自身が、まだ言葉が話せないにもかかわらず、教会の言葉、ラテン語で、大司教は自分の父ではないと言明した（とされた）。かくして大司教の潔白は「証明」された。そして修道女は断罪され、子供を取り上げられ、乳房を切断された。

『オルダリ』の登場人物は、狂気の王、サレムとダルという二人の男、マリーとザフラという二人の女、女性によって演じられる墓掘人、祖母、赤ん坊の声である。そのほかに、〈火蜥蜴《サラマンドル》〉Salamandre、〈突飛な《ソグルニュ》〉Saugrenu、〈跳ね起き《スブルソ》〉Soubresaut、〈再度初めから《デレシェフ》〉Derechef、〈爪弾き《シクノド》〉Chiquenaudeという、フランス語の単語の姿をした動物たちが登場する。この言葉の動物たちは、この作品のもっとも大胆な発明である。

マリーはトゥールの神明裁判で断罪された修道女である。ザフラ、サレム、ダルといったアラビア語の名を持つ登場人物たちの存在は、この作品では神明裁判的なものが、文化横断的な、ある普遍的位相で問われていることを示す。隠れた罪が神によってあらわにされるスペクタクルとして、神明裁判的なものは、ギリシャ＝キリスト教的な供犠の形態を超えて、演劇的なものと地下水脈的に通じている。演劇的なものは、神明裁判的なものに根ざしつつ、そこから脱し、それに異を唱えようとする。逆に、演劇が共同体的なもの、例えばナショナリズム、あるいはオリエンタリズムに屈するところ、それらに抵抗することを止めるいたるところで、実は神明裁判的なものが、否認の壁を破って回帰してくるのではないだろうか。この問いは、ここでは一つの作業仮設として提示するにとどめたい。

戯曲は神明裁判の犠牲者の記憶に取り憑かれた王の独白で始まる。続いて夜の森で、歴史のなかで抹消された声たちが狂気の王と言葉を交わす。夜が明ける。言葉の動物が走り回り、赤ん坊の泣き声がする。マリーはラテン語で譫言を言いながらうろついている。サレムとダルがマリーについて論評するうち、黒衣の女ザフラが鏡のなかから現れる。アラブの男たちはアラブの女に千夜一夜のように物語をせがむ。漂流した島で危難を逃れた水夫の物語。ザフラが鏡のなかに姿を消すと、王はマリーの乳房に触ろうとし、サレムとダルは嫌悪をあらわにしてマリーを包囲する。ザフラは黒いチャドルに身を包んで再び現れ、男たちを制してマリーの彷徨に合流する。舞台が暗転し再び明るくなるたびに人物たちは老けていく。墓掘人が登場し、みずから〈昨日〉と名乗る。男たちの夢と女たちの悪夢で織りなされた歴史、後ろ手に縛られた女たちが足の間から流す血、生理、破瓜、流産、強姦、陰核切除、子宮癌の血が舞台を覆う。

神明裁判の有様を、女の声が物語る。

言葉の動物たちについてのサレムとダルの論評に、歴史についての墓掘人の謎めいた言葉が続く。ダルはザフラを、サレムはマリーを捉え、自分たちの幻想に従わせる。夢、歴史、言葉をめぐる四人の対話。声は言葉を動物のように愛撫し、言葉も声を愛撫する、とザフラが語ると、言葉の動物たちは歓喜の鳴き声をあげる。ザフラは悪夢に取り憑かれたマリーを、これを最後にその果てまで導こうとし、二人はザフラの祖母と対面する。子供をみつめるマリーを動物たちが取り囲み、「〈再度初めから〉と〈跳ね起き〉は〈突飛な〉〈爪弾き〉をする」という文を作る。ザフラは舟で血の河を渡ろうとするが果たせず、赤ん坊の声が神明裁判の「奇蹟」を語る。

人物たちはますます老いる。男たちは幼年時代の村の思い出を語り、動物たちはマリーに付き従い、ザフラは精液の井戸で溺死する強姦された女の物語を語る。サレムはうんざりし、墓掘人は性の掟に歴史の法則を見る。マリーは泣きながら子供を探して土を掘る。サレムはダルに、女たちを黙らせるには女たちが嘆いていることを反復するしかないと告げ、墓掘人はザフラに物語を求める。ザフラは、荷造りをして眠り込み、王に踏まれて無限の純粋性を孕む女奴隷の物語をする。マリーは処女の血で汚れた下着を手に、地中の赤ん坊の死体から木々が芽生えることを祈り、墓地の花々の間に無垢の夢を追う。男たち、墓掘人は、いよいよ嫌悪を募らせる。

人物たちの老いは加速する。王の長台詞ののちすべては彼の眼前を過ぎゆく影と化す。墓掘人は死者を食い荒らす地中の虫、死者の上に育つ木々、咲く花々について語る。王が言葉の動物たちに形容詞を与えると、男たち、女たちが戻ってくる。墓掘人は子供の誕生を待つ女たちについて語り、ダルとサレムが赤ん坊に、「私がお前の生みの親だとしたら？」とラテン語で訊ねると、赤ん坊はやはりラテン語で、「お前が私の父だとしたら」と答える。言葉の動物たちは陶酔的に踊り、ザフラはマリーに彼女の乳房の行方を訊ねる。戯曲は女たちの一人の長い独白で幕を閉じる。

以上の梗概は、戯曲『オルダリ』について、本当に最低限の内容しか伝えない。鋭く葛藤する複数の文化伝統を呑み込み、おのれ自身を探し求める内的な彷徨によって突き動かされたその文体の、衝撃的な美しさはまったく伝えない。晩年と呼ばなくてはならなくなってしまったこの数年の仕事のうちでももっとも力強いデリダの序文についても、残された紙幅で十分に論じることはできない。本稿の主題と響き合う限りで、その論脈の一端に触れることにする。

墓掘人は狂気の王と対をなすこの作品のコロスであり、演劇がみずからを映す鏡であり、絶対的反省の、絶対知の境位にある哲学者である。彼はあらゆる個別性を埋葬し、あらゆる物語をメタ言語に揚棄する。だが、絶対知、「歴史の終焉」という哲学的概念は、いまだ神明裁判的なものに属しているのではないのか？　そして、最後の独白で女が求める「神明裁判の終焉」が、別の手段による神明裁判の延長に転じないようにするためには何をなすべきなのか？　まさにこの戦線で戯曲『オルダリ』が繰り広げる壮絶な闘いは、デリダによれば、無限の婚礼準備にも似たものなのだ。無限に備えること、それは、動物のように予見不可能な歴史の「跳ね起き」に備えることである。神明裁判的な「歴史の終焉」の、「他者の終焉としての絶対知という既知の終焉」の他者を待つことである。その「他者」に向けて、女は最後に呼びかける。「あなたをこんなに愛している、あなたを待っている、待っている、待っている。」[18]

アメリカがイラクに仕掛けたあの戦争、警察行動として正当化が図られたあの戦争、あれこそまさに神明裁判以外の何だろう。われわれはみな、この現実の「演劇」の観客である。このとき、いま、われわれはどんな「終焉」を待っているのか？　戯曲『オルダリ』の女とは別の誰かを、われわれは待つことができるのか？　神明裁判に対する裁判を、彼女とは別の仕方で行うこと、神明裁判そのものを被告席に座らせることができるのか？　この問いの近くで、ファティがジュネと出会うことを、デリダは知っていた。

ジュネはある日、その名にふさわしいどんな演劇もある裁きを舞台化すると言った。この演劇の訴訟における最初の被疑者、絶対的被告、推定有罪者、法の前に出頭を命じられ

る者、最初に裁かれる者、さらにはあらかじめ裁かれている者、それは君だ、読者あるいは観客だ。そして実際、まさにここで、あなたが『オルダリ』を読むやいなや、あるいは、サファー・ファティの作品の上演を「鑑賞」しているると信じるやいなや、可能な一切の代行＝表象の彼方で、あなたはこの機械の餌食あるいは客体になるだろう。裁く機械を裁くこの機械、演劇の機械仕掛けの神を裁く機械の(19)。

明かしえぬ共犯性——ジュネをめぐる二つの集いのこと

ジュネの作品中で押し込み強盗を官能的に生きる人物として描かれるのは『薔薇の奇蹟』のビュルカンである。

「押し込み強盗を働くとき、彼は足の指から髪の先まで享楽した。『彼は濡れていた』。この享楽は美しかった。どんな不純な考えにも汚染されていなかった。」

そんな「幸福」を彼は、危険をともにした仲間と分かちあったのだろうか。嫉妬に身を焦がす「私」の問いにビュルカンは「黙ったまま吹き出す」。

「『……俺の押し込みは、ジャンノ、たいていソロでやったもんさ。だって仲間なんか。分かるだろう』。彼が言いたいことが私には分かり、落胆を示す彼の仕草が眼に焼き付いた。『いいのはソロさ！』」

無理矢理もぎ取られたような、こんな一瞬のやりとりのうちに不意に現れては消えてゆく

「共犯性」。裏切りの誓いとでも呼ぶべきそれは、過去や現在の悪事の分有に由来するのではない。それは二つの孤独を、将来の、未知の危険に晒すのだ。ビュルカンはやがて他の収監者と脱獄を図り、警備員に射殺されてしまうだろう。

恐るべきことは、このような「共犯性」がジュネの場合、単に作品中におとなしく囲い込まれていないことである。それは彼の縁者の人々に、全世界の読者に、翻訳者に、研究者に感染していく。苛酷な運命の連鎖はジュネの生涯のうちにすでに繰り返し生じ、彼自身そのことに、ときに深く懊悩したのだった。

私がジュネの後半生の同行者、画家のジャッキー・マグリア氏の知己を得たのは一九九三年の春だった。私が翻訳にかかわった遺作『恋する虜』の日本語版のカヴァー用に、氏は自筆のジュネ像を快く使わせてくださった。その頃パリの出版界や研究機関に不信を深めていたマグリア氏にとって、それはとてもおおきな親愛の表現だったと思う。

しばらく後のある年の三月、毎年この時期に税務関係の手続きでパリに集まるジュネの遺産相続人の人々と、友人の新郷啓子さんのパリ十一区のアパルトマンで、午後のひとときを過ごしたことがあった。マグリア氏、ヒサコ夫人、そしてもうひとりの相続人であるモロッコ人のアーメッドさん。ジュネに直接触れる話題は、彼らからも、私たちからも出なかったように記憶する。マグリア夫妻が住むギリシャ、モロッコ、日本の現状について、時代の変化について、私たちは静かに言葉をかわした。

新郷さんがモロッコからの独立を目指す西サハラの解放闘争を支援していることが、生前同じ立場に立っていたジュネの縁者の人々に、特別の親近感を覚えさせたのだろう。彼のかたわらで、しばしば彼のために、言い知れない至福と凶運を迎え入れてきた人々は、パリの知識人界から遠く離れたその空間に、つかの間のくつろぎを見出していたようだ。「素敵なソワレだった」と、別れ際にアーメッドさんが呟いた。

作家の没後も活発な地下活動を止めない「共犯性」の波動は国際的な研究集会にも浸透する。なかでも特筆すべきは二〇〇〇年八月にマンシュ県スリジィ＝ラ＝サルで開催されたシンポジウム「ジャン・ジュネの詩学、諸ジャンルの横断」だろう。トルコ、アイルランド、スウェーデン、ブラジル、パレスチナ、インド、アメリカ合州国など、世界各地から、多様な文化的、歴史的文脈を背負い、特異な私的、社会的経験を持つ研究者たちが、また多くの若い聴衆が、まる一週間起居をともにしつつ、熱くジュネを語りあった。

当時プレイヤード叢書の『ジュネ演劇集』を編集中だったフランス現代演劇研究の泰斗ミシェル・コルバン氏がみずから判事役となり、ジュネ文庫の責任者アルベール・ディシィ氏、教え子の女性とともに『バルコン』第二景を演じたときは、巨大な哄笑がスリジィの城館を揺るがした。日本から参加して発表を行ったのは宇野邦一、梅木達郎、根岸徹郎、岑村傑の各氏と私の五人。ジュネの政治評論集『公然たる敵』[1]の翻訳計画もこの濃密な時間のなかで生まれた。そこにも私は、ジュネ自身に発する特異な「共犯性」の密かな働きを認めたくなる。シンポジウムの特別ゲストは、特異なジュネ論『弔鐘』の著者であり、ジュネの友人でもあった哲学者ジャック・デリダだった。厳しい日程のなかであえてこの招待に応じたデリダは明らかに準備不足のようだった。講演前日の夕方、彼は私に、ジュネの『断片……』を持ってきていないかと尋ねた。そのときの含羞を帯びた微笑が忘れられない。《Contresignature》[2]（副署）という講演のタイトルは、デリダの用語で「共犯」を言い換えたものである。その講演を、彼は『断片……』からの二つの引用で結んだ。

自殺の観念が、呼びかけではなく観念が、四十歳の頃、私のなかに明確に現れた。どうやら生きることに倦み疲れたことからもたらされたらしいその観念は、決定的な滑落によるほかは何によっても廃棄しがたいように思われた、ある内的な空虚であった。

彼［一九五〇年代初めのジュネの恋人デチーモ］を知る前、私は自殺することを欲していた。しかし、彼の存在が、その次には私のなかの彼のイマージュが、その次には、彼からではなくこのイマージュから発する彼のありうる運命が、私を満たしてくれたのだった。

このイマージュ通りに存在することを、彼は拒絶した。(3)

シンポジウムの翌月、パレスチナでは第二次インティファーダ（民衆蜂起）が始まり、一年後には〈9・11〉の事件が起きた。「反テロリズム戦争」に一気に傾斜する世界のなかで、ジュネをめぐる言説環境も大きく変化した。四年後、ジャック・デリダが世を去り、その数ヵ月後、不条理な状況のなか、梅木達郎がみずから命を断った。鋭い悲痛とともにしか思い出せないあの日々の「共犯」感覚は、それでも私のなかに、私たちの間に、いまも確かに息づいている。

註

断片、あるいはデリダの「ように」

（1）Jacques Derrida, «Les morts de Roland Barthes», in *Chaque fois unique, la fin du monde*, Galilée, 2003, p.64.〔『そのたびごとにただ一つ、世界の終焉』I、土田知則・岩野卓司・國分功一郎訳、岩波書店、二〇〇六年、八八頁。この日本語版は本稿執筆時には未刊であり、表題等の私訳をそのまま用いている。〕デリダによる強調。

（2）Jacques Derrida, «Circonfession», in Geoffrey Benington et Jacques Derrida, *Jacques Derrida*, Seuil, 1991, pp.196-197. デリダによる強調。アウグスティヌス『告白』からの引用は五巻九章一七。山田晶訳、『世界の名著』「アウグスティヌス」、中公バックス、一九七八年、一七五頁。訳文一部変更。

（3）Jacques Derrida, *L'université sans condition*, Galilée , 2001, pp.26-27.〔ジャック・デリダ『条件なき大学』、西山雄二訳、月曜社、二〇〇八年、二三—二四頁。この日本語版は本稿執筆時には未刊であり、本書では初出時どおり私訳を用いる。〕デリダによる強調。

（4）Catherine Malabout et Jacques Derrida, *Le contre-allér—voyager avec Jacques Derrida*, La Quinzaine litteraire / Louis Vuitton, 1999, pp.35–39.

絵画に〈声〉が来るとき

（1）Rachid Boudjedra, *Peindre l'orient*, Zulma, 1996, pp.57–60.

（2）Jacques Derrida, «De la couleur à la lettre», in *Atlan grand format*, Gallimard, 2001, p.16.

（3）«Lettres aux amis japonais», in *Atlan grand format*, *op.cit.*, p.152.〔『芸術新潮』、一九六〇年二月号、訳文一部変更。〕

名のおかげで

（1）Jacques Derrida, *Politiques de l'amitié*, Galilée, 1994, p.324.〔ジャック・デリダ『友愛のポリティックス』2、鵜飼哲・大西雅一郎・松葉祥一訳、みすず書房、二〇〇三年、一五〇頁〕

（2）Safaa Fathy はエジプト出身の詩人・劇作家・映像作家。デリダとの共著『言葉を撮る――デリダ／映画／自伝』（港道隆・鵜飼哲・神山すみ江訳、青土社、二〇〇八年）がある。自作のドキュメンタリー映画『デリダ、異境から』の公開に合わせて来日し、このオマージュに参加していた。本書「神の裁きからの演劇の〈誕生〉」参照。

（1）Jacques Derrida, «'Il faut bien manger' ou le calcul du sujet», in *Points de suspension*, Galilée, 1992, pp.276-277.〔「『正しく食べなくてはならない』あるいは主体の計算」、鵜飼哲訳、『主体の後に誰が来るのか?』、現代企画室、一九九六年、一五四—一五五頁。〕

（2）Jacques Derrida, «Cogito et histoire de la folie», in *L'écriture et la différence*, Seuil, 1967, pp.51-52.〔「コギトと狂気の歴史」、野村英夫訳、『エクリチュールと差異』上、法政大学出版局、五九—六〇頁。デリダによる強調。ここでは私訳を用いた。〕フランス語の「子供」enfant は「話せない者」を意味するラテン語の infans に由来する。

（3）Jacques Derrida, «Violence et métaphysique», in *L'écriture et la différence*, p.157.〔「暴力と形而上学」、川久保輝興訳、『エクリチュールと差異』上、二〇四—二〇五頁。デリダによる強調。ここでは私訳を用いた。〕「降霊術」psychagogie、「民衆煽動」démagogie、「教育」pédagogie は、いずれもギリシャ語の agôgê（運び去ること、拉致、導き）の意を含み、フランス語の動詞「導く」conduire、「還元する」réduire の形態素«-duire»にも強制的な領導の意がある。

（4）*Id.*〔同書、二〇五頁。〕

（5）Jacques Derrida, «De la couleur à la lettre», in *Atlan grand format*, *op.cit.*, p.25.

（6）Jacques Derrida, «L'animal que donc je suis（à suivre）», in *L'animal autobiographique*, Galilée, 1999, pp.253-254. デリダによる強調。

（7）Jacques Derrida, «Et si l'animal répondait?», in *Cahier de l'Herne 83*, 2004.

（8）*L'animal autobiographique*, p.260. デリダによる強調。

（9）*Ibid*., p.268.「猫あるいは神」は引用者による、「私に」はデリダによる強調。

（10）*Ibid*., p.271.

（11）*Ibid*., p.261.

（12）*L'écriture et la différence*, p.158.

（13）*L'animal autobiographique*, p.262.

（14）*Ibid*., p.263. デリダによる強調。

（15）Jacques Derrida, «Reste—Le maître ou le supplément d'infini», in *Le disciple et ses maîtres, Pour Charles Malamoud*, sous la direction de Lyne Bansat-Boudon et de John Scheid, *Revue Genre Humain 37*, Seuil, 2002, p.25.

盲者のオリエント

（1）「隠岐は僕の盲目の時間の下にある」、『螺旋歌』、河出書房新社、一九九〇年、九八頁。隠岐は日本の北西にある群島の名である。この名の語源は不確かだが、そこには〈分離されたもの〉、〈分岐しているもの〉、〈隠れているもの〉という三つの観念が含まれているように思われ、吉増の詩のなかで考慮されている。

（2）Jacques Derrida, *Mémoires d'aveugle*, Réunion des musées nationaux, 1990, p.7.〔ジャック・デリダ『盲者の記憶』、鵜飼哲訳、みすず書房、一九九八年、一七六頁。以後同書は *MA* という略号で示し、原

書に続いて日本語訳の頁数を記す。〕

（3）Jacques Derrida, *Voyous. Deux essais sur la raison*, Galilée, «La philosophie en effet», 2003, p.148.〔ジャック・デリダ『ならず者たち』、鵜飼哲・高橋哲哉訳、みすず書房、二〇〇九年、二〇三—二〇五頁。〕

（4）«Circonfession», in Geoffrey Bennington et Jacques Derrida, *Jacques Derrida*, Seuil, «Les Contemporains», 1991, pp.61-64.

（5）「日の丸」の図像学的分析に関する詳細については、鵜飼哲「旗のかなたの回想——日の丸はなぜ「おめでたい」のか」（鵜飼哲『主権のかなたで』、岩波書店、二〇〇八年）を参照。

（6）Jacques Derrida, *Glas*, Galilée, 1974, p.8.

（7）*Ibid.*, p.265.

（8）*Ibid.*, p.273.

（9）中山太郎『日本盲人史』（正・続）、パルトス社、一九八五年再刊。われわれは他の機会に、日本における盲者の歴史的状況とエクリチュール体系の関係の問いをデリダの思考から出発して考察することを構想している。

（10）谷合侑『盲人の歴史』、明石書店、一九九六年。

（11）「笈の小文」、『芭蕉文集』、新潮社、一九七八年、八五頁。

（12）Bashô, *Journaux de voyage*, tr. René Sieffert, Publications orientalistes de France, 1976, p.57.

（13）René Etiemble, *Du Haiku*, Editions Kwok On, 1995, pp.16-21.

（14）『芭蕉文集』、前掲、八五頁。Bashô, *Journaux de voyage*, *op.cit.*, p.57. 前掲、中山『日本盲人史』に引用（注二三、一一二頁）されている唐招提寺保管の文書によると、鑑真の失明の原因は南海の「毒気を含んだ暑熱」（「真流日南国時暑毒入眼。患之失明。」）とされている。したがって、失明を「塩風」のせいであると想定したのは芭蕉である。

（15）Jean-Louis Chrétien, *Corps à corps*, Minuit, 1997, pp.142-152.

（16）インドにおける残余の思考については、デリダがシャルル・マラムードの仕事に捧げた素晴らしいオマージュ、«Reste—Le maître ou le supplément d'infini», *op.cit.* を参照。

（17）Jean-Louis Chrétien, *Corps à corps, op.cit.*, p.152.

怪物のような「かのように」

（1）Jacques Derrida, *De la grammatologie*, Minuit, 1967, p.137.〔ジャック・デリダ『根源の彼方に　グラマトロジーについて』上、足立和浩訳、現代思潮社、一九七二年、一八九頁。ここでは私訳を用いた。〕

（2）港道隆、増田一夫、鵜飼哲による共同発表。

（3）Kazuo Masuda, «L'étrangeté de la 'langue à venir' chez Orikuchi Shinobu», in *Le passage des frontières—autour du travail de Jacques Derrida*, Galilée, 1994, p.99-104.

（4）«Le siècle et le pardon», in *Foi et savoir*, Seuil, 2001, p.107.（「世紀と赦し」、鵜飼哲訳、『現代思想』、二〇〇〇年十一月号、九一頁）。

（5）«'Mais..., non mais..., jamais..., et pourtant..., quant aux média' (Les intellectuels, tentative de définition par eux-mêmes. Enquête)» in *Papier Machine*, Galilée, 2001, p.236.〔ジャック・デリダ『パピエ・マシン』下、中山元訳、ちくま学芸文庫、二〇〇五年、一四八頁。ここでは私訳を用いた。〕

（6）*Foi et savoir, op.cit.*, pp.107–108.〔「世紀と赦し」、前掲、九二頁。〕

（7）«Histoire du mensonge. Prolégomènes» in *Cahier de l'Herne 83*, 2004, pp.505–506.

（8）*Ibid.*, p.499.

（9）*Id.*

（10）『森鷗外』、ちくま日本文学全集、筑摩書房、一九九二年、一四一頁。

（11）*L'université sans condition, op.cit.*, p.76.〔ジャック・デリダ『条件なき大学』、前掲、七七頁。以下引用は私訳による。〕

（12）*Ibid.*, pp.27–30.〔同書、二四―二七頁〕

（13）*Ibid.*, pp.30–31.〔同書、二七頁〕

（14）『森鷗外』、前掲、一四八頁。

（15）*Voyous*, Galilée, 2003, p.14.〔『ならず者たち』、前掲、一二頁。〕

（16）*L'université sans condition, op.cit.*, p.76.〔『条件なき大学』、前掲、七〇頁。〕

（17）*De la grammatologie, op.cit.*, p.14.〔『グラマトロジーについて』上、前掲、一八頁。〕

（18）«Les morts de Roland Barthes», in *Chaque fois unique, la fin du monde*, Galilée, 2003, pp.59–97.〔『そのたびごとにただ一つ、世界の終焉』I、前掲、七九―一五九頁。〕

デリダにおけるヘーゲル

（1）Jacques Derrida, *Glas*, Galilée, 1974, p.7.

(2) *Vocabulaire européen des philosophies—dictionnaire des intraduisibles*, sous la direction de Barbara Cassin, Seuil / Le Robert, 2004. 項目執筆者が依拠している『大論理学』のこの「注解」のフランスにおける代表的研究はジャン＝リュック・ナンシー『思弁的注解』(Jean-Luc Nancy, *La remarque spéculative*, Galilée, 1975) である。

(3) Jacques Derrida, «Les fins de l'homme», in *Marges de la philosophie*, Minuit, 1972. p.143.〔ジャック・デリダ「人間の目的＝終わり」、『哲学の余白』上、高橋允昭・藤本一勇訳、法政大学出版局、二〇〇七年、二一五頁。ここでは私訳を用いた。〕

(4) «La différance», in *Marges, op.cit.*, p.14.〔「差延」、『哲学の余白』上、前掲、五三頁。〕

(5) *Ibid.*, p.15.〔同書、五三―五四頁。〕

(6) G. W. F. Hegel, *Enzyklopädie der philosophischen Wissenschaften im Grundrisse, III, Werke 10*, Suhrkamp, 1970, S.272-273.〔ヘーゲル『エンチュクロペディー』、樫山欽四郎・川原栄峰・塩谷竹男訳、河出書房新社、一九八七年、三六三頁。〕

(7) *Ibid.*, S.271.〔同書、三六二頁。〕

(8) «Le puits et la pyramide», in *Marges, op.cit.*, p.102.〔「竪坑とピラミッド」、『哲学の余白』上、前掲、一六七―一六八頁。ここでは私訳を用いた。〕

(9) *Enzyklopädie, III, op.cit.*, S.271.〔『エンチュクロペディー』、前掲、三六二頁。〕

(10) *Marges, op.cit.*, p.104.〔『哲学の余白』上、前掲、一七〇頁。〕

(11) *Enzyklopädie*, S.272-273.〔『エンチュクロペディー』、前掲、三六四―六五頁。〕

(12) *Glas, op.cit.*, p.139.

（13）G. W. F. Hegel, *Frühe Schriften*, *Werke 1*, Suhrkamp, 1971, S.364.〔G・W・F・ヘーゲル『キリスト教の精神とその運命』、伴博訳、平凡社ライブラリー、一九九七年、一五二―五三頁。〕

（14）*Glas*, *op.cit.*, p.76.

（15）*Ibid.*, p.78.

（16）*Frühe Schriften*, *op.cit.*, S.366.〔『キリスト教の精神とその運命』、前掲、一五六―五七頁。〕

（17）*Glas*, *op.cit.*, p.81.

（18）*Frühe Schriften*, *op.cit.*, S.366-367.〔『キリスト教の精神とその運命』、前掲、一五八―五九頁。訳文一部変更。〕

（19）*Ibid.*, S.367-368.〔同書、一五九頁。〕デリダはこの一節のauflesenをlecture silencieuse（黙読）と翻訳し、フッサール論『声と現象』でみずから論じた「自分が話すのを聞く」ことの自己触発性に結びつけている（*Glas*, *op.cit.*, p.82）が、この解釈はやや強引であるように思われる。ここは少なくとも第一義的には、ラテン語legereやギリシャ語legeinなどの原義（集める）を想起しつつ、読むことのロゴス的本性が主張されていると取るべきであろう。

（20）*Glas*, *op.cit.*, p.84.

（21）«Qu'est-ce qu'une traduction 'relevante'?», in *Cahier de l'Herne 83*, 2004, p.533.

レジスタンスを愛すること

（1）Jacques Derrida, *Le monolinguisme de l'autre*, Galilée, 1996.〔ジャック・デリダ『たった一つの、私の

ものではない言葉——他者の単一言語使用』、守中高明訳、岩波書店、二〇〇一年。〕

（2）Jacques Derrida, *Le mal d'archive—Une impression freudienne*, Galilée, 1995.〔ジャック・デリダ『アーカイヴの病——フロイトの印象』、福本修訳、法政大学出版局、二〇一〇年〕

（3）Jacques Derrida, *Etats d'âme de la psychanalys—Adresse aux Etats-Généraux de la psychanalyse*, Galilée, 2000.

葬送不可能なもの

（1）Jacques Derrida, *Spectres de Marx*, Galilée, 1993, p.277.〔ジャック・デリダ『マルクスの亡霊たち』、増田一夫訳、藤原書店、二〇〇八年、三五七頁。〕

解体と政治

（1）『歩きながら問う——研究空間〈スユ＋ノモ〉の実践』、金友子編訳、インパクト出版会、二〇〇八年。

（2）『ハムレット』、大場建治編注訳、研究社、二〇〇四年、八七頁。

（3）Jacques Derrida, *Spectres de Marx*, *op.cit.*, p.47.〔ジャック・デリダ『マルクスの亡霊たち』、前掲、六〇—六一頁。〕

（4）鵜飼哲「復讐の暴力、和解の暴力」（『主権のかなたで』、前掲、一三七—五一頁）参照。

（5）*Spectres de Marx*, *op.cit.*, p.49.〔『マルクスの亡霊たち』、前掲、六三頁。〕

（6）Jacques Derrida, *Donner le temps 1. La fausse monnaie*, Galilée, 1991, p.27.

（7）Jacques Derrida, *Politiques de l'amitié, op.cit.*, pp.151-153.〔ジャック・デリダ『友愛のポリティックス』1、前掲、二〇五―六頁。〕

「死せる叡智」と「生ける狂気」

（1）Martin Heidegger, «Überwindung der Metaphysik», in *Vortrage und Aufsatze*, Klett-Cotta, 1954, p.93.〔マルティン・ハイデガー「形而上学の超克」、『技術への問い』、関口浩訳、平凡社、二〇〇九年、一四五頁。訳文一部変更。〕

（2）Jacques Derrida, «Le dernier mot du racisme», *Art contre / against Apartheid, Les Artistes du monde contre l'apartheid*, 1983, p.16.〔ジャック・デリダ「究極の人種差別」、『アパルトヘイト否！ 国際美術展』、高橋武智・太田昌国・前田礼・鵜飼哲訳、現代企画室、一九八八年、二七―二九頁。ここでは私訳を用いた。〕

（3）Jacques Derrida, *Politiques de l'amitié, op.cit.*, pp.50-51.〔ジャック・デリダ『友愛のポリティックス』1、前掲、六〇頁。〕

（4）Friedrich Nietzsche, *Menschliches, Allzumenschliches*, Anaconda Verlag, 2006, p.242.

（5）Gayatri Chakravorty Spivak, *Death of a Discipline*, Columbia University Press, 2003, p.72.〔ガーヤットリー・チャクラヴォルティ・スピヴァク『ある学問の死』、上村忠男・鈴木聡訳、みすず書房、二〇〇四年、一二四頁。訳文一部変更。〕

(6) *Ibid.*, p.73.〔同書、一二四―一二五頁。訳文一部変更。〕

(7)『スピヴァク、日本で語る』、鵜飼哲監修、本橋哲也・新田啓子・竹村和子・中井亜佐子訳、みすず書房、二〇〇九年、五一頁以下参照。〕

神の裁きからの演劇の〈誕生〉

(1) サイード『オリエンタリズム』、今沢紀子訳、平凡社、一九八六年、五六頁。

(2) Nicole Loraux, *La voix endeuillée—Essai sur la tragédie grecque*, Gallimard, 1999, pp.45-47.

(3) *Ibid.*, p.78.

(4) *Ibid.*, p.79.

(5) ベンヤミン『ドイツ悲哀劇の根源』、岡部仁訳、講談社文芸文庫、二〇〇一年、七六頁。

(6) 同書、二〇六頁。

(7) Jacques Lacan, *Les formations de l'inconscient*, *Le séminaire Livre V*, Seuil, 1998, pp.263-264.〔ジャック・ラカン『無意識の形成物』下、佐々木孝次・川崎惣一・原和之訳、岩波書店、二〇〇五年、二二一頁。ここでは私訳を用いた。〕

(8) *Ibid.*, p.263.〔同書、二二一頁。〕

(9) *Ibid.*, p.262.〔同書、二二一頁。〕

(10) *Ibid.*, p.265.〔同書、二二七―二二八頁。〕

(11) *Ibid.*, p.267.〔同書、二二九頁。〕

（12）*Ibid.*, p.268.〔同書、二九頁。〕

（13）Jean Genet, *Balcon*, Gallimard, 2002, p.11.

（14）どんな強力な哲学的、あるいは文学的思考も、その力をその「限界」から汲んでいる。この文脈におけるジュネの「限界」の一つは、現在グローバル化のなかでわれわれが立ち会っているような軍隊と警察の区別の溶解あるいは脱構築は、彼の作品世界ではけっして起きないということにある。ジュネにとって前後六年そこに身を置いた軍隊の経験と、犯罪者としての警察の経験はまったく異質なものだった。軍隊は敵の軍隊との対等な闘いに向かい敗北の危険を冒す限りで「栄光」を約束されている。それに対し、犯罪者を相手とする警察は、換喩的に社会の侮蔑の的となる。ジュネにとって警察は一方では身近な脅威であり憎悪の対象だったが、他方では同じ侮蔑を受ける者として共感の対象でもあった。『バルコン』の筋立ての裏には、警察に対するジュネの悪意と情愛が分かちがたく働いている。

（15）ベンヤミン、前掲書、一七四頁。

（16）Jacques Derrida, «Son malin génie—Préparatifs pour l'infini», in Safaa Fathy, *Ordalie / Terreur*, Lansman, 2004, pp.6-7.

（17）アルトーの『神の裁きと訣別するため』は、まさにこの文脈で読み直されなければならない。

（18）Safaa Fathy, *op.cit.*, p.81.

（19）*Ibid.*, p.20.

(1) ジャン・ジュネ『公然たる敵』、鵜飼哲・梅木達郎・根岸徹郎・岑村傑訳、月曜社、二〇一一年。
(2) Jacques Derrida, «Countersignature», in *Paragraph*, 27, Number 2, July 2004, tr. M. Hanrahan.
(3) Jean Genet, *Fragments... et autres textes*, Préface d'Edmund White, Gallimard, 1990, p.76 et p.89.〔「同性愛についての断章」、平井啓之訳、『ユリイカ』一九九二年六月号、特集「ジャン・ジュネ——牢獄・同性愛・政治」、一四二頁および一五〇頁。ここでは私訳を用いた。〕

初出一覧

〈友〉なるデリダ（『東京新聞』二〇〇四年十月二十九日付）
断片、あるいはデリダの「ように」（『未來』二〇〇四年十二月号）
絵画に〈声〉が来るとき――アトラン「カヒナ」（一九五八年）（『前夜』二〇〇五年一月号）
祈りと無神論（『未來』二〇〇六年三月号）
リス＝オランジス、二〇〇四年八月八日（デリダ『生きることを学ぶ、終に』訳者あとがき、鵜飼哲訳、二〇〇五年四月、みすず書房）
名のおかげで（二〇〇五年四月十六日、東京日仏学院におけるジャック・デリダへのオマージュ）

＊

〈裸〉の師（『思想』二〇〇五年第一号）
盲者のオリエント（『別冊「環」13　ジャック・デリダ 1930-2004』二〇〇七年十二月、藤原書店。フランス語初出は «L'orient de l'aveugle», *Cahier de l'Herne 83, Derrida*, 2004）
怪物のような「かのように」――日本における政治上の嘘の歴史のために（De « monstrueux "comme si" » —pour une histoire du mensonge en politique au Japon）（二〇〇八年十二月七日、Ecole normale supérieure de Paris におけるコロック «Derrida politique» での発表）
デリダにおけるヘーゲル――『弔鐘』における〈晩餐〉の記号論を中心に（『ヘーゲル哲学研究』一五巻、

二〇〇九年。二〇〇八年六月十四日、東京大学（本郷）における日本ヘーゲル学会シンポジウム「ヘーゲルとフランス現代思想」での発表）

レジスタンスを愛すること（デリダ『精神分析の抵抗』訳者あとがき、鵜飼哲・守中高明・石田英敬訳、二〇〇七年六月、青土社）

葬送不可能なもの（デリダ『マルクスの亡霊たち』日本語版書評、『週刊読書人』二七二一号、二〇〇八年一月十八日付）

来たるべき民主主義への挨拶（デリダ『ならず者たち』訳者あとがき、鵜飼哲・高橋哲哉訳、二〇〇九年十一月、みすず書房）

戦略、スタイル、情動――ジャン＝リュック・ナンシーへの三つの問い（「無－無神論……」、『水声通信』一〇号、二〇〇六年八月。二〇〇六年四月十五日、東京大学（駒場）におけるＵＴＣＰ哲学フォーラム主催、ラウンド・テーブル《無－無神論（A-athéisme）について》での発言）

＊

解体と政治（二〇〇九年一月十九日、韓国ソウル、スユ＋ノモ研究空間における発表）

「死せる叡智」と「生ける狂気」――〈さまよえる星〉の比較文学（二〇一三年五月二六日、東北大学における日本英文学会 Symposia《21世紀世界における惑星的想像力――response/responsibility/acknowledgment の連環》での発表）

神の裁きからの演劇の〈誕生〉――『バルコン』から『オルダリ』へ（『舞台芸術』七号、二〇〇四年十二月）

明かしえぬ共犯性（『ふらんす』二〇一〇年十二月号）

タイトルをめぐる彷徨——あとがきにかえて

一冊の本のタイトルの決まり方はさまざまだ。ときには誰が決めたのか、かならずしも自明でないこともある。文学史には——おそらく哲学史以上に——そのような事例は数多い。それでも、ひとたびタイトルとともに作者の署名がテクストの余白に書き込まれたなら、作者はただひとり、タイトルの責任を負わなければならない。

タイトルの責任、というのも、本文の内容を待つことなく、タイトルだけで作者に責任が生じることもあるからだ。本書は、おそらく、そのような事例のひとつだろう。本書のタイトルは、ある夜、突然、作者のもとを訪れた。そしてそのまま立ち去ろうとしなかった。君はどこから来たのか。どんな道を通って。どんな扉から。作者の問いに、タイトルは答えない。仕方がないのでタイトルに代わっていくつかの仮設を立て、作者の責任に応答すべく努めたい。

「デリダ」という名前を含むタイトルを——これは本書の編集を手がけられたみすず書房の尾方邦雄さんのリクエストだった。心中ため息をつきながら、私は時の流れを意識した。デリダについて書くことが、ずっと私にはできなかった。まして、彼についての著作であることを明示するようなタイトルを、自分の本のために選ぶことは。本書に収録された、彼の死去に続く日々に綴った文章のタイトルには、自分でも説明し切れない、絶望的な抵抗の痕跡が認められる。しかし、やがて哲学者の没後十年、そろそろ年貢の納め時なのかもしれない。この名前との新しい関係を模索すべき時なのかもしれない。そんな反問を反芻しつつ、二〇一三年の年の暮れを過ごした。

タイトルとは何か。デリダはこの問いに繰り返し立ち返った。タイトルそのものをタイトルに掲げた一九七九年の講演「タイトル未定」«Le titre à préciser» では、ボードレールの「贋金」«La fausse monnaie»、ポンジュの「牧場」«Le pré»、ブランショの「白日の狂気」«La folie du jour» を例に取り、タイトルと本文の間隙で折りなされる錯綜した運動を記述しつつ、タイトルの機能に固有の特異な暴力性に注意を向けた。

作品がひとつの単位をなしアーカイヴに保存されるためには、タイトルは書かれなくてはならない。それも極度の省略によって作品を名指し、暴力的命名を断行するエクリチュールでなくては。かくして、普通名詞で構成されている場合でも、タイトルはタイトルであるかぎり固有名詞の機能を担う。そして文の形をしている場合でも、名であることに変わりはない。さらに、ある種のタイトルは、ボードレールの「贋金」のように、それが作品の〈内部〉で語られる事物、事件、事柄を名指すのか、それとも作品そのものを名指すのか、決定不可能な両義性を示す。

（……）タイトルは法に先立つ暴力から発してだけ法をなし支配する〔faire la loi〕。言説の規範性を侵犯し、参照構造の通常の機能を混乱させ、コンテクストに関する非決定を濫用して曖昧さを蓄積し、名の周辺を文の沙漠とし、固有名のもつ神託のような力のなかに黙らされた文のすべての資源を蓄積することで、タイトルは暴力のうえにそれ自身の国家＝法治状態〔état〕を、それ自身の法的正当性を、正当化する法の命令権〔impérium〕を樹立する――もっとも、その暴力とは第一に、エクリチュール言語の節約《エコノミー》のことなのだが。今晩私が関心を寄せているのはそうしたタイトルの狂気、侵犯のさなかに、それも停止することのない、法を貫いて〔*à travers*〕永続する侵犯のさなかに法を制定するその強権発動〔coup de force〕なのである(1)。

本書のタイトルにも、「贋金」と類似した両義性があることに、私は後から気がついた。このタイトルは本書で語られる、ある〈事物〉を名指してはいる（「名のおかげで」）。しかしまた、タイトルとして、本書そのものを、その「全体」を指し示す潜勢的な力をそれが秘めていることも否定できない。墓の代補としてのエクリチュール、それが、デリダがジャン・ジュネと分有したある強力な観念でもあったことを想起するならば、このタイトルを引き寄せた磁力の由来が、少なくともその一端が露呈する。『弔鐘』の冒頭近く、早くもこんな展開があった。

残余には〔du reste〕、そもそも、つねに、たがいに交差＝一致する、二つの機能がある。

その一つは、落下を記念碑のうちに、確保し、保存し、同化し、内化し、理想化し、揚棄する機能である。落下はそこでおのれを維持し、おのれに防腐措置を施してミイラ化し、記憶＝記念碑化し、そこでおのれを名づける──落ちる＝墓（石）〔tombe〕。ゆえに、だが落下として、そこにおのれを建立する。

もう一つの機能は──残余を落ちるにまかせる〔放下する laisser tomber〕。同じことに帰着する危険を冒しつつ。〈落ちる＝墓（石）〉〔tombe〕──欄柱〔colonnes〕二回巻き、竜巻〔trombe〕──（は）〈残る＝残余〉〔reste〕(2)。

この文脈では「残余」の例は、タイトルよりもむしろ署名である。テクストの余白に記入される刻印として、署名はタイトルと同じトポロジーを分有する。しかし、それが作動させる暴力の性格は、おそらく、とりわけ法との関係においては異質だろう。差延の論理は揚棄の論理と、ある内在的抵抗の関係にある（「デリダにおけるヘーゲル」）。ここでもまた、差延的な後者の機能は揚棄的な前者の機能、すなわち本来的な「墓」の機能に、「同じことに帰着する危険を冒しつつ」抵抗する。その可能性が、一義的には反意語である二つの語、しかし、動詞と名詞の間で類似の決定不可能性を示すtombeとresteという語の組み合わせを通して探られているのである。揚棄に抵抗するような「墓」とは何か、そのようなものがありうるか――『弔鐘』が執拗に追求した問いのひとつは、すでに、そのようなものだった。

ジュネとの交友関係が濃密だった六〇年代後半から父エメ・デリダの死に続く七〇年代前半にかけて、デリダはしばしば「墓」あるいは埋葬というモチーフへのこだわりをみせた。『弔鐘』のほか、「プラトンのパルマケイアー」「竪坑とピラミッド」『衝角』、そして『絵画における真理』所収の「カルトゥーシュ」等々、多くの著作にその思考の軌跡をたどることができる。その意味では本書のタイトルに、デリダが考察したあらゆる「墓」たち、その言葉と物、さらにはそれがその換喩となりうるあらゆる事物、事柄、営為への暗示を読み取ることも可能だろう。

しかし他方で、本書のタイトルは、哲学者が老いを意識し始めた時期以降の著作、あえて一書を挙げるとすればハイデガー『存在と時間』における「死に向かう存在」の詳細な分析を試みた『アポリア』(3)（一九九三）以後のテクストから、より強力に呼び寄せられたような気がする。それはまた、私がデリダに、師として、友として、いずれにせよ同時代を生きる一個の存在として接する機会に恵まれ、内心で、ときには実際に、彼と対話を始めてからの作品群とも重なっている。

私の知るかぎり、「Xの墓」というタイトルを持つテクストを、デリダは書いていない。しかし、そのようなタイトルを持つ本の序文は書いたことがある。そしてその文章に、自分がことのほか惹かれていたことに、本書のタイトルが到来したのち、私はようやく思い至った。

セルジュ・マルジェルの『工作神の墓』（一九九五）に、デリダは《Avances》というタイトルの序文を寄せた。このタイトルの翻訳は至難の業だ。さしあたり、片仮名で「アヴァンス」と転写しておこう。フランス語のavanceにはいくつもの意味がある。もっとも抽象的、一般的な「先行」という意味に加え、「頭金」「前貸し」などの経済的語義、さらにはfaire des avancesなどの表現では「言い寄り」という性愛的含意を帯びることもある。

マルジェルの著作はプラトンの『ティマイオス』の、瞠目すべき独創的な読み直しである。この本が企図したのは、従来人格的性格が希薄と考えられてきたこの対話篇の造物神デミウルゴスに、ある「約束する神」の相貌を、それも原典と、長い歴史のなかで蓄積されてきたその膨大な注釈群の緻密な再解釈を通して付与することだった。デミウルゴスの営為とは、永遠のイデアを範型として、無定形な質量を造型し、受容器〈コーラ〉のなかに産出することである。ヘブライズムの創造主と異なり、この神には本来の意味での創造的契機はほとんどない。世界の起源に先行する存在でありながら、彼自身、イデア、〈コーラ〉、質量等、多くの「もの」に先行されているのである。

マルジェルはこの神による世界製作に三つの段階を区別する。デミウルゴスはまず、〈ポイエーシス〉、すなわち「質量的産出」により、世界の感性的秩序を形成する。火、空気、水、土の四元素に比例関係を付与し、宇宙の均衡を自動的に制御する原理をもたらす。だが、この均衡、宇宙の自己保存は一時的に存続するにすぎず、緩慢な、だが確実な分解に定められている。そこでデミウルゴスは、〈ミーメーシス〉、すなわち「模倣的作為」により、感性的秩序を永遠のイデアに象って模写（représenter）する。こうして世界に知性的霊魂が導入され、世界は星々の瞬く天空となる。恒星（「同」）と惑星（「異」）からなるこの天空の秩序も、しかし、デミウルゴスによる模写が持続する間しか存続しない。そのとき、万策尽きたかのように、デミウルゴスは自分の言葉を賭ける。神は世界に〈約束〉する、範型の理想にそれを結ぶ絆をけっして切断しないと。だが、それは奇妙な構造を備えた〈約束〉である。マルジェルは言う——。

世界に対しておのれの言葉を賭けつつも、デミウルゴスは製作という自分の職務を、そしておのれを世界に結びつけてきた責任のすべてを引き上げてしまうだろう。造物神としてのおのれの力能を、自分が製作したばかりの下位の神々や神的な天体たちに委譲してしまうだろう。それから彼はこの神々に、星の瞬く天空としての世界のなかに、イデアに象って模写されるのではない月下の世界を、燃焼という直線的生成に遺棄された世界を組み立てるよう強要するだろう。これは、全体を救うために、デミウルゴスの意志を善意の状態に保つために、そして彼の約束の究極の遵守を保証するために、全体の部分を犠牲に供することである。月下の世界は、動物、人間、哲学者という特権的形象において、きわめて明確な職務を持たされるだろう。すなわち、みずからの還元不可能な死を、デミウルゴスが彼の約束を守る気持ちを持ち続けるための保証となすこと、これである。死すべきものとして、哲学者である人間は、デミウルゴスの宇宙的責任をみずから担わなくてはならないだろう。一時的に、死ぬまでの合間、デミウルゴスの位置を、それに概念の定立的秩序を置き換えるべく、占めなくてはならないだろう。(4)

ヘブライズムの全能の創造主に比して、ヘレニズムのこの造物神は、奇妙な無力に苦しんでいるようにみえる。〈ポイエーシス〉によって世界にその自動的存続を保証できなかったこの神は、〈ミーメーシス〉によってイデアの似像である天空を造出した。その天空は、マルジェルによれば、「神々の感性的似像にして神々の不死の記念に捧げられた崇拝の対象（アガルマ）」である。だが、それはまた、デミウルゴスの力不足、その「象徴的死」の記念碑でもある。その意味で、イデアの似像としての世界、星々の瞬く天空は、「工作神の墓」と呼ばれるのである。

デリダはこの序文の二年前に、同じ『ティマイオス』を扱った著作『コーラ』(5)を出版していた。そのもととなったセミネールは一九八五―八六年に行われたので、マルジェルはこのとき、私たちとともに聴講席にいたのかも知れない。彼の本の第一部の後半は〈コーラ〉の独自の解釈に充てられており、デリダの〈コーラ〉論との対話としての性格も備えている。古典哲学の驚くべき博識を備えたこの少壮哲学者との対話を、対話体のこの序文を綴りつつ、デリダもまた、どこか楽しんでいるようにみえる。

――デミウルゴスは彼処にいる〔*Il y a là Démiurge*〕。彼処とは、なお、此処のこと、セルジュ・マルジェルのこの偉大な著作、『工作神の墓』のなかのことだ。この墳墓は此方〔この下界 *ici-bas*〕にある。墓 ***Tombeaux*** と呼ばれるあれらの詩、存在する墓を記述したり分析したりするのではなく、あるジャンルの規則に則って、言語行為によって墓を設立すること、ある記憶に石よりも抵抗力の強い〔résistante〕言葉の住まいを約束することで、それを守護し、顕彰し、祝福し、歌うことを目的とした作品になぞらえられるかもしれない。マラルメの『墓』(「不可解な災禍によって下界に落下した静かな石塊よ……」「地中に埋没せる神殿は曝しだす、陰々たる口を通して/墓さながらの……」)のようなそのうちのいくつかについては、それらは不朽〔不死 immortel〕であると、あるいはむしろ、不朽の名声〔不死 immortalité〕にあたいすると言われもしよう、それこそそれらの目的が、不朽化〔不死化 immortalisation〕をただ約束すること、死にとどまり続ける死者に、いまは墓のなかに永住する死者に、それを約束することでないとしたら。この本の著者がかくも力強く語るあの「象徴的死」の、あの墓入り〔mise au tombeau〕の死者に。そうなると、この本の隠れたタイトルは、あえて示唆してみたいのだが、『工作神の墓』である前に、『ある工作神のための墓』ということになるだろう。このタイトルのほうが、おそらく、この本のまさしく造物神的な真理をよりよく言い表していることになるだろう。かくしてセルジュ・マルジェルは、ある『墓』を、記述したのにおとらず、書いたことにもなるだろう。墓とは、偉大な哲学的詩編としての、彼の本のことになるだろう。そして彼は私たちに、同時に、墓の約束において何が設立されるのかを、そして、墓を樹立することで、それを本＝量塊《ヴォリューム》のかたちで建立することで、それに署名することで、ある約束を、いかに守護するか、あるいは守るかを、教えたことになるだろう。それも、多々ある約束のひとつではなく、世界としての約束を、約束としての私たちの世界の、つねに来たるべき存在を。

――デミウルゴスは彼処にいる〔*Il y a là* Démiurge〕、私の理解が確かなら、セルジュ・マルジェルがその者について語るデミウルゴス、その者に向けてこの本が溢れ出ていくデミウルゴスは。というのも、このようなデミウルゴスは彼処に、彼方に〔*là-bas*〕、いつも此処よりはむしろ彼処にいるのだろうから（「いや、此処というところはない」と、さきほど『エウパリノス』のソクラテスは言っていた。）。彼方に、指向作用が彼に向かうその前に。彼の定在〔現存在、〈彼処にあること〉son être-là〕は、生ける者のそれでも、死せる者のそれでもなく、ある現前を私たちに保証さえしないらしい。墓はある、そしてデミウルゴスも。この者はしかし、生きること、あるいは死ぬこと以上のことをしたらしい、それ以上の、まったく別のことを。彼は生き延びたらしい。だが、死にながら。生きているのでも、死んでいるのでもなく。〈此処より先に＝此処に負債を負って〉〔*ci-devant*〕、つまり生き延びてはいるが、死につつある者として生き延びているのだ。死につつあること〔mourance〕と生き延びていること〔survivance〕は共属する、というのも、デミウルゴスの死に向かう存在は、つねに切迫したその時間性において、ある約束と切り離せないからだ。そして、みずからの延命が、おのれの先へ生き延びること〔se survivre〕が、死を越えることが、この約束の構造には含まれている。「象徴的死」と、著者は診断を下す。デミウルゴスは、そもそものはじめから、ある種の延命する者であるらしい。すなわち、その死の瞬間の世界を書く、死につつある者であるらしい、彼の死、あるいは世界の死の瞬間の。彼はある記憶に取り憑いている、だがそれは約束の記憶だ。ある遺言の最後の意志が、将来のチャンスを開く。(6)

一人目の対話者は、マルジェルの本を、フランス文学史上の一ジャンルとしての『墓』に接近させる。このジャンルはルネッサンス期に遡り、当時は貴顕の死に際して献じられた追悼詩集を指していた。やがて遵守すべき表現上の規範が煩瑣になり、一七世紀以降は衰頽していくが、一九世紀にこのジャンルを復権しつつ、標準的な追悼詩をはるかに凌駕する傑作をもたらしたのはマラルメだった。括弧のなかで引用されているのは「エドガー・ポーの墓」と「シャルル・ボードレールの墓」の一節である。本書のタイトルもこの伝統に、はるか遠くから連なろうとしているらしい。ひとつの生の終わりの確認ではなく、遂行的な死後の生の約束として。

この序文は、デリダが「不滅」「不死」という主題に、その名のもとに触れた、数少ないテクストのひとつである。二人目の対話者が括弧のなかで『エウパリノス』に言及しているのは、「アヴァンス」の冒頭に、ヴァレリーのやはり対話体のこの作品の、最後の部分が銘として引用されているためである。

「ソクラテス　（……）それこそはもっとも自然な方法で、〈神〉の地位へと身を置くことなのだ。ところで、あらゆる行為のうちで、もっとも完璧なのは建築するという行為だ。（……）デミウルゴスは被造物には無関係の自分の計画を遂行していた。その逆がなされねばならぬ。（……）しかし、彼のあとに私がやって来る。（……）

パイドロス　あなたが死んだ建築家だということを、彼らはうれしがっていると思います！（……）しかし、そうだとすれば、あなたは永遠のなかで、かつてあなたを不滅の人たらしめた、あれらの言葉のすべてを撤回なさろうというのですか？

ソクラテス　あの下界〔là-bas〕では、不滅だった――死すべき者たちに関連してのことさ！……しかし、此処では……　いや、此処というところはない、わたしたちがいま言ったことは、すべて、この冥界の自然な戯れに他ならない、私たちを操り人形のように扱った、向こうの世界の、とある修辞家の気まぐれと同じように！

パイドロス　厳密に申せば、そこにこそ不滅はあるのです。[7]」

冥界で建築について対話をかわす、もはや身体を持たないソクラテスとパイドロス。対話の前半では、パイドロスが建築家エウパリノスの言として伝える建築と音楽の、他の芸術ジャンルとは比較を絶する純粋性をめぐり、ソクラテスは生前と変わらない見事な議論を展開する。ところがその彼が、対話の後半では、パイドロスが今度はフェニキア人でシドンの人トリドンの、もっぱら実践的な工作知の話を始めるやいなや度を失ってしまう。「色蒼ざめたわがパイドロス、私と同じ〈亡霊〉よ、もし私の悔恨に苦しむべき何らかの実体があるとしたら、もしその悔恨の働きに肉体が欠けていないとしたら、私の悔恨は果てしがないだろうと、私は痛感している！　私の悔恨は猛威をふるいはじめている、終ることはけっしてありはしない！」[8] こうして生前の説をことごとく覆していく賢者の亡霊の言説の最後に、明らかに『ティマイオス』を参照した、デミウルゴスへの言及が出てくるのである。

地中海的イマージュに満ちたこの作品が、デリダは若い頃から好きだったのではないだろうか。ここではソクラテスではなくパイドロスに託される最後の言葉に、彼はいつもの流儀で副署（con-tresignature）をしているかにみえる。「アヴァンス」本文の所論に照らして、この副署の含意をどのように考えるべきか、私はしばらく前から思いをめぐらしていた。二〇〇一年のある日、デリダ夫妻と会っていたとき、突然夫人がにこやかに哲学者にたずねた。「不死のことは、あなたはどう考えているの？」「どちらかと言えば賛成だね。」応答も、やはり微笑とともに返ってきた。

先の引用の第一の対話者は、文学ジャンルとしての『墓』の目的について、「不朽化」「不死化」を「ただ約束すること」とする考えを示し、それを「世界としての約束」という、核心的な規定に結びつけていた。この問いはやがて、同じ問いであり続けながら、キリスト教の神とデミウルゴスの比較の形を取ることになる。

キリスト教の神（無限）とデミウルゴス（有限）の間の差異は、前者の約束が守りうるものだということだ――あるいはむしろ、それが守りえないものではないということだ。しかし、約束が約束であるためには、それは守られるという保証なしに守りうるままでなくてはならない。守りえないままでありうるのでなくては、可能的に守りえないままでありうるのでなくてはならない、それがやがて結果としてそうであることになるかもしれないもの、すなわち約束にとどまるためには。しかし、単に守りうるだけの約束は有限なままだ。約束の構造は、このように、有限と無限の、デミウルゴスと永遠の父なる神の差異を不安定にする。そして同時に、デミウルゴスと不死なる神々の差異もまた。そのことは、ティマイオス全体の基礎をなす区別を動揺させることになる。[9]

約束が約束であるかぎり冒すべき危険。それは哲学者が哲学者であるかぎりみずからに課すべき「死の練習」と、どんな関係にあるのだろう。というのも、「アヴァンス」はこんな言葉で始まっていたからだ。

――またしてももう一回ティマイオス、それはそうだが、別のティマイオス、新しいデミウルゴス、約束だ。

思考が危険を冒したのだ、隔時的な地震の、美しい危険〔beau risque〕を。世界の絶対的な前史以来の、遅れてきた衝撃波のように。それ以下のことではない。そして人間たちの大地にとっては、人はなお、太古の揺れ、建築術的な震えの続きらしい、地殻変動のことを考えている……(10)。

「美しい危険」という表現を、私はレヴィナスの『存在するとは別の仕方で』のなかに発見した。恥を告白しなければならないが、「アヴァンス」でこの表現が用いられていたことには、まったく気づいていなかった。二〇〇二年のコロック「来たるべき民主主義」での報告を、私はこの表現を軸に組み立てた(11)。発表の後、デリダは近寄ってきて教えてくれた。「それはプラトンに由来する言葉です」。『パイドーン』(一一四D六)。「ところで、これらのことが、私の述べたとおりだと言い切るのは、良識ある人間にふさわしいことではあるまい。しかし少なくとも魂の不死が明らかなかぎり、われわれの魂とその住家とについて、こういった、あるいは何かこれに類したことが考えられるのは、適当なことであり、そのような考えに身を託するのは、あえて試みる価値のあることだと思う。そのような冒険は美しいものだからね(12)。(……)」このソクラテスの言葉が、『エウパリノス』と『工作神の墓』の脱構築的試練を生き延びて、「約束の構造」に即して捉え返され、あえてここで、引用され、「使用」され、「言及」されているのである。東北と関東各地を襲ったあの激震と複合災害から三年、本書のタイトルは、ひとつはここに、私を導こうとしていたらしい。私たちに残された時の、思考の向かうべき方位を指し示すかのように。

ここまで私は、本書のタイトルの、ただひとつの言葉、ただひとつの文字のまわりを巡ってきた。しかし、それがどれほど多くの思考の糸の結節をなしていようと、「墓」というこの重い言葉が検閲の閾を通過できたのは、あの名のおかげであることは疑いない。彼の両親はあの名を、チャップリンの『キッド』の子役、ジャッキー・クーガンにちなんで付けたらしい。それは例外的なことではなく、アルジェのユダヤ人共同体で、当時よくあったことだと言う。「アメリカ風のファーストネームが、時には役者の名前が、アルジェのユダヤ人の若者には見られた。ウィリアム、チャーリー、シドニー、ジェイムズ等々[13]」と、彼自身振り返っているように。それは支配的なフランス文化への、婉曲な抵抗のかたちだったのだろうか。ある日、そう訊ねてみると、「たぶん」Sans douteという答えが返ってきた。

親族の人々にとってもっとも親密なあの名は、親族以外の友人たちにとってはもっとも遠い名である。後者の人々には、「ジャック」が親しさの限界だ。一度だけ、マルグリット夫人が「ジャッキー！」と呼ぶ声を聞いたことがある。けっして、心のなかでさえ、自分が呼ぶことのありえない名が、不思議なことに、むしろある浮力となって、このタイトルを私のもとに運んできたのだった。

ジャッキー（Jackie）・デリダは、著作を発表するようになった時、みずからジャック（Jacques）というフランス風の名を選んだ。本書のタイトルには、したがって、単に哲学者だったばかりではない、そして単にフランス人だったばかりではない、ある人の「墓」という含意がある。そこには、同時に、私自身の、「哲学」への、いつまでも縮まらない距離も透けて見える。だから、これは、本書を読まれた方には明らかなように、いわゆる「哲学の本」ではない。もちろん、「哲学」と無縁ではないとしても。そんな本書に何らかのメリットがあるとすれば、それはもしかすると、ある日、彼の家で、こんなつぶやきを漏らした人が生きた時間に、はるかな想像をめぐらすよすがとなることかもしれない——。

「フランスがアルジェリアに来ていなければ、今頃私の人生は、ずっとよかったに違いない。」

ジャック・デリダ、尾方邦雄、そして本書を形づくる言葉たち、悲痛の子供たちに、それでも生まれるチャンスを与えてくれたすべての友に、心の奥処より感謝をこめて。

鵜飼 哲

二〇一四年三月十六日

註

（1）Jacques Derrida, *Parages*, Galilée, 1986, p.231.〔ジャック・デリダ『境域』、若森栄樹訳、書肆心水、二〇一〇年、三三七頁。原著者による強調。訳文一部変更。〕

（2）Jacques Derrida, *Glas*, *op.cit.*, pp.7-8.

（3）Jacques Derrida, *Apories Mourir — s'attendre aux «limites de la vérité»*, Galilée, 1994.〔ジャック・デリダ『アポリア　死す――「真理の諸限界」を〔で／相〕待－期する』、港道隆訳、人文書院、二〇〇〇年。〕

（4）Serge Margel, *Le Tombeau du dieu artisan*, précédé de *Avances* par Jacques Derrida, Minuit, 1995, pp.56-57.

（5）Jacques Derrida, *Khôra*, Galilée, 1993.〔ジャック・デリダ『コーラ』、守中高明訳、未來社、二〇〇四年。〕

（6）Jacques Derrida, «Avances» in Serge Margel, *Le Tombeau du dieu artisan*, *op.cit.*, pp.15-16. 原著者による強調。

（7）Paul Valéry, *Eupalions / L'âme et la dance / Dialogue de l'arbre*, Gallimard, 1944, pp.120-127.〔ポール・

ヴァレリー『エウパリノス・魂と舞踏・樹についての対話』、清水徹訳、岩波文庫、二〇〇八年、一二〇—二八頁。原著者による強調。〕

（8）*Ibid.*, p.113.〔同書、一一三頁。〕

（9）Jacques Derrida, «Avances», *op.cit.*, p.33. 原著者による強調。

（10）*Ibid.*, p.11.

（11）鵜飼哲「美しい危険たち——レヴィナス、デリダ、日本国憲法」（『応答する力』、青土社、二〇〇三年、四六—七〇頁）参照。

（12）プラトーン『ソークラテースの弁明・クリトーン・パイドーン』、田中美知太郎・池田美恵訳、新潮文庫、一九八四年、二二三頁。

（13）Jacques Derrida, «Lettres sur un aveugle—Punctum caecum», in Jacques Derrida / Safaa Fathy, *Tourner les mots—Au bord d'un film*, Galilée / Arté, 2000, p.112.〔ジャック・デリダ「一人の盲者に関する複数の手紙＝文字　プンクトゥム・カエクム」、ジャック・デリダ／サファー・ファティ『言葉を撮る——デリダ／映画／自伝』、港道隆・鵜飼哲・神山すみ江訳、青土社、二〇〇八年、一六四頁。〕

著者略歴

（うかい・さとし）

1955年東京都に生まれる．フランス文学・思想専攻．1982年京都大学大学院文学研究科修士課程修了．1984年から89年までパリ第8大学に留学．現在，一橋大学大学院言語社会研究科教授．『インパクション』編集委員．著書『抵抗への招待』（みすず書房，1997）『償いのアルケオロジー』（河出書房新社，1997）『応答する力：来るべき言葉たちへ』（青土社，2003）『主権のかなたで』（岩波書店，2008）ほか．訳書　ジュネ『恋する虜：パレスチナへの旅』（共訳，人文書院，1994）『アルベルト・ジャコメッティのアトリエ』（現代企画室，1999）『シャティーラの四時間』（共訳，インスクリプト，2010）デリダ『他の岬：ヨーロッパの民主主義』（共訳，みすず書房，1993）『盲者の記憶：自画像およびその他の廃墟』（みすず書房，1998）『友愛のポリティックス』（共訳，みすず書房，2003）『生きることを学ぶ，終に』（みすず書房，2005）『精神分析の抵抗：フロイト，ラカン，フーコー』（共訳，青土社，2007）『ならず者たち』（共訳，みすず書房，2009）などがある．

鵜飼 哲
ジャッキー・デリダの墓

2014年 4月 8日 印刷
2014年 4月 18日 発行

発行所 株式会社 みすず書房
〒113-0033 東京都文京区本郷5丁目 32-21
電話 03-3814-0131(営業) 03-3815-9181(編集)
http://www.msz.co.jp

本文組版 キャップス
本文印刷所 萩原印刷
扉・表紙・カバー印刷所 リヒトプランニング
製本所 誠製本

ISBN 978-4-622-07829-6
[ジャッキーデリダのはか]
落丁・乱丁本はお取替えいたします